부모와 영아보육교사를 위한

함께 해요!!
애착놀이

부모와 영아보육교사를 위한

함께 해요!!
애착놀이

김영주 · 민하영 · 오영은
정나래 · 조명희 · 최유나

학지사

머리말

알고 있음과 실천하는 것이 일치된다면 더할 나위 없이 좋은 일이지만, 알고 있는 것을 어떻게 실천하는지를 몰라 어려움을 경험할 때가 많습니다. 그래서 사람들은 어떤 일을 할 때 노하우(know how)를 궁금해하는지 모릅니다.

전문적 교육을 받는 보육교사 역시 책에서 배운 것을 현장에서 활용하고자 할 때 '어떻게(how)'의 문제에 직면하게 됩니다. 보육의 질에서 가장 중요한 것이 보육교사와 영유아 간의 관계라는 것을 귀에 딱지가 앉을 정도로 배우고 익혔지만, 정작 어떻게 하는 것이 영유아와의 관계를 최적화할 수 있는지를 이야기하는 것은 쉽지 않기 때문입니다.

생후 36개월 사이에 형성된 애착의 질은 전 생애에 걸친 사회적 관계의 질에 영향을 미칩니다. 이러한 사실은 애착 이론을 주창한 Bowlby 이후 많은 학자들에 의해 검증되고 확인되었습니다. 생애 초기 애착이 갖는 중요성 때문에 생후 36개월 이전 영아를 담당하는 보육교사들은 영아의 애착 증진을 위한 방법에 상당한 관심을 갖고 있습니다. 그러나 이러한 관심을 충족시킬 수 있는 노하우(know how)를 찾아내는 것은 네 잎 클로버를 찾아내는 것만큼 어려울 수 있습니다.

이러한 어려움을 덜어 주고자 영아기에 나타나는 발달 특성을 고려해 심리적 친밀감과 정서적 유대감을 증진시킬 수 있는 애착 놀이를 한껏 소개해 보았습니다. Aletha J. Solter의 『Attachment Play: How to Solve Children's Behavior Problems with Play, Laughter, and Connection』을 번역한 『애착 놀이』에 소개된 애착 놀이의 특징과 제시한 아홉 가지 형태의 놀이 지침을 바탕으로 이에 따른 놀이를 현장의 전문가들이 모여 활동으로 구성하고 실제로 적용해 보았습니다.

'선생님 한 입 나 한 입, 어디로 갔을까? 까꿍!, 변해라 발!, 알록달록 색깔 똥, 똥 단지 팔기, 미끌미끌 주물주물, 푸푸~ 퉤퉤~, 엉금엉금 장난감을 찾아라!, 놋다리밟기' 등의 활동으로 구성된 이 책은 영아의 애착 증진 노하우(know how)를 궁금해하는 부모와 영아보육교사들에게 네 잎 클로버와 같은 역할을 할 것입니다.

인생의 봄이라 할 수 있는 첫돌맞이 아이의 모습을 봄을 알리는 노란 민들레와 연결시킨 강소천 님의 시 〈민들레〉의 한 구절에는 "길가의 민들레도 노랑 저고리, 첫돌맞이 울 아기도 노랑 저고리… 아가야 방실방실 웃어보아라… 아가야 아장아장 걸어보아라." 하면서 영아에게 웃고 걸을 것을 요구하고 있습니다.

그러나 『함께해요! 애착 놀이』에서는 부모와 영아보육교사들이 시의 한 구절처럼 웃거나 걸어 보기를 요구하기 전에 첫돌맞이 아기에서부터 만 2세 영아들에 이르기까지 영아 스스로 놀이를 통해 까르르 웃을 수 있고, 주도적으로 아장아장 걸어 나올 수밖에 없게 만드는 신나고 재미있고 흥미로운 활동을 준비해 두었습니다.

이 책은 계획안 형태로 구성하고, 영아보육교사의 손에 쏘옥 들어가 쉬 열어 볼 수 있도록 책의 크기를 줄이는 등 영아의 애착 증진을 위한 놀이에서 유용하게 활용될 수 있도록 보육현장을 고려하여 구성하였지만, 영아기 자녀를 둔 부모들에게 질 높은 애착 형성을 위한 부모교육 자료로도 사용될 수 있을 것입니다.

발에 힘이 붙기 시작한 생후 10개월 영아와 함께할 수 있는 '질라래비 훨훨' 활동이 궁금하시다고요? 우리 함께 책장을 넘겨 봅시다.

I

영아보육과
애착 놀이

1. 영아보육의 현황과 문제점

통계청 국가통계포털 자료에 따르면, 2017년을 기준으로 우리나라 2,141,131명의 만 0~4세아 중에서 1,287,442명의 영유아들이 어린이집에서 그들의 부모와 일정 시간 떨어져 보호와 교육을 받고 있다.

2015년에 1,298,139명이었던 만 0~4세 보육아동 수가 2017년 1,287,442명으로 줄어들었는데, 이는 현재 인구의 출산율 감소와 일치한다. 하지만 연령별 보육아동 현황을 분석하여 보면, 만 0세가 2015년에 137,117명이었던 것이 2017년에 139,654명으로 늘어나 어린이집에 오는 영아의 수는 증가하는 것을 알 수 있다. 만 1세도 2015년에 308,227명이었던 것이 2017년 330,868명으로 늘어나고 있다.

종합하면 전체적인 영아의 인원은 감소했으나 어린이집에서 보육되는 영아의 수는 증가하는 추세라고 할 수 있다. 즉, 생후 0~24개월의 영아들이 부모 이외에 어린이집에서 담임교사 등 또 다른 양육자를 경험하는 비율 또한 증가한다는 의미로 해석할 수 있다.

공인숙 외(2015)는 맞벌이 부부의 증가뿐만 아니라 한부모가정의 증가, 이혼가정의 증가로 인해 영아보육이 늘어나고 있다고 해석했다. 뿐만 아니라 개인주의 등 이전 세대와는 다른 부모 역할에 대한 가치관 변화도 영아보육의 증가에 한몫하고 있다.

이 외에도 지난 20년 동안 보육의 질이 지속적으로 높아져서, 부모들이 자녀가 어린이집에서 교사 및 또래 영아와 함께 지내면서 양질의 놀이 경험을 할 것이라고 기대하는 것도 영아보육이 증가하는 이유 중 하나이다. 뿐만 아니라 2013년 3월 어린이집 무상보육에 따른 정부 보육료 지원도 영아의 보육을 늘리는 중요한 요인이라고 할 수 있다.

영아보육, 특히 영아기는 아동발달, 전 생애에 걸친 인간발달 과정에 미치는 영향이 크기 때문에 영아보육 프로그램은 그 내용과 운영적 측면에서 잘 구성된 질적으로 우수한 프로그램으로 실시되어야 한다.

우리나라의 영아보육은 표준보육과정에 근거하고 있다. 어린이집 표준보육과정은 어린이집의 만 0~5세 영유아들에게 국가수준에서 제공하는 보편적이고 공통적인 보육의 목표와 내용을 제시하고 있다(보건복지부, 2013). 만 0~2세까지의 표준보육과정은 기본생활, 신체운동, 사회관계, 의사소통, 자연탐구, 예술경험의 6개 영역으로 이루어지고, 이들 영역은 발달 특성과 개인차를 고려하여 수준별 혹은 연령별로 세부 내용이 제시된다.

제3차 표준보육과정에서 제시하고 있는 만 0~1세 보육과정의 목표는 "가. 건강하고 안전한 일상생활을 경험한다. 나. 감각 및 기본 신체운동 능력을 기른다. 다. 말소리를 구분하고 의사소통의 기초를 마련한다. 라. 친숙한 사람과 관계를 형성한다. 마. 아름다움에 관심을 가진다. 바. 보고, 듣고, 만지면서 주변 환경에 관심을 가진다."이다. 만 0~2세 영아보육 프로그램의 특징은 영아기 발달에 적합한 우수한 활동의 개발, 연령에 따른 수준별 내용을 균형 있게 경험할 활동의 개발, 영아의 요구와 흥미에 맞추어 교사와 민감한 상호작용을 강조한 개별화된 활동의 개발, 만 0~2세 영아의 발달적 연계와 영아·유아 간의 연계를 고려한 활동의 개발 등에 역점을 두고 있다(보건복지부, 2014).

「어린이집 표준보육과정에 기초한 영아보육프로그램」에 제시되어 있는 활동들은 표준보육과정 6개 영역의 수준별 내용을 균형 있게 경험하기 위한 목적을 가지고 있다. 활동을 구체적인 계획안에 목표와 함께 제시하고, 대표적인 목표를 2개까지 안내한다.

「영아보육프로그램 0세」에서도 6개 영역의 균형적인 경험을 위해 '낯설어요' 주제를 학기 초에 배치하고, 안정적인 애착과 적응을 목표로 하는 사회관계 영역의 내용도 집중적으로 포함하고 있다. 그런데 '낯설어요' 다음으로 제시하고 있는 '느껴 보아요' 주제에서는 전체 25개 활동 중, 표준보육과정의 사회관계 영역 관련 활동이 0개, '움직여요'에서는 22개 중 4개이다. '놀이는 재미있어요 I'에서는 23개 중 1개, '놀이는 재미있어요 II'에서는 30개 중 2개, '좋아해요'에서는 21개 중 5개이다.

물론 사회관계 영역뿐만 아니라 각 영역의 균형 있는 경험을 위해 다른 영역 또한 중요하다. 또 제시되어 있는 활동의 표준보육과정 영역은 영아의 관심을 중심으로 기재된 목표 이외에 다른 영역의 목표가 성취될 수도 있다. 그러나 표준보육과정에 기초하여 각 연령별로 사용할 수 있도록 개발되어 실제 보육현장의 많은 영아교사들에게 지침이 되어 주는 영아보육프로그램에서 표준보육과정의 사회관계 영역 관련 활동 자체가 '놀이는 재미있어요 I' 주제에서는 1개, '느껴 보아요' 주제에서는 아예 전무하다. 이는 영아기 발달에서 애착을 기초로 한 사회·정서발달, 이후 인지발달에 미치는 영향까지 그 중요성에 대해 생각해 봤을 때, 매우 이례적인 것이다. 따라서 영아를 위한 표준보육과정에서 사회관계 영역에 대한 내용이 부족함을 알 수 있다.

표준보육과정 외에도 바람직한 영아보육을 위해서는 교사의 전문성이 필요하다. 영아의 발달적 특성은 유아와 질적으로 다르기 때문에 영아보육교사의 전문성 또한 유아교사와 다른 특성을 가진다. 백은주와 조부경(2004)은 교사-유아의 상호작용에서 허용적 분위기 조성, 활동의 계획 및 평가에 유아를 참여시키는 것, 유아의 욕구와 질문에 적극적이고 긍정적으로 반응하는 것이 유아교사의 전문성이라고 보았다. 남연정과 최석란(2018)의 연구에서는 영아반 보육교사는 영아의 기질을 파악하는 것을 중요하게 생각하고 있으며, 영아 개개인의 특징에 대해 보다 잘 알고 민감하게 반응하는 것을 전문적 수행으로 보았다.

그러나 영아반 보육교사의 특성에 주목하고 이와 관련한 영아보육교사의 전문성을 정의한 연구는 찾아보기 힘들다. 오채선과 염지숙(2016)의 연구에서 선행연구들이 영아보육교사의 전문성을 다루고는 있으나, 내용 면에서 영아보육교사의 차별성을 입증하지 못하고 있다고 지적한다. 아직까지 영아보육교사의 전문성을 판단하는 적절한 준거나 직무에 대해서 합의된 바가 없다.

종합하여 보면 영아보육은 출산율의 저하와는 다르게 점점 증가하는 추세이다. 하지만 국가에서 제공하는 만 0~2세 표준보육과정은 영아의 통합적 발달을 도모하기 위해서는 부족한 측면이 있다. 특히 애착을 비롯한 사회관계 영역에서의 활동이 부족하다. 영아보육교사의 전문성 또한 유아교사에 비해 차별성을 입증하지 못하고 있으며 이에 대한 연구가 더 필요한 실정이다.

2. 영아보육과 애착

애착은 사회적 관계를 나타내는 대표적 용어로 사용될 만큼 사회적 관계의 질을 평가하는 중요 개념이라 할 수 있다(공인숙 외, 2015). 주요 발달 이론인 정신분석 이론, 학습 이론, 인지발달 이론, 동물행동학적 이론 간에 애착 발달 과정에 대한 견해 차이는 있으나, 특정인과의 유대 관계인 애착이 생애 초기에 발달한다는 것에서는 공통된 입장을 보인다.

영아의 애착 형성 과정을 살펴보면 애착 형성 이전, 애착 형성, 분명한 애착, 다양한 인물에 대한 애착의 4단계로 구분해 살펴볼 수 있다(공인숙 외, 2015). 영아는 생후 첫 3~4개월 동안 울음, 반사 행동, 눈 맞춤, 미소, 옹알이 등으로 애착 행동을 나타내고 양육자를 곁에 머무르게 한다. 이 시기에는 한 사람의 양육자에 대한 일관적인 선호보다는 다른 사람들에게도 비슷한 반응을 보인다. 3~4개월이 되면 애착 행동은 더 세분화되어 영아를 돌봐 주는 친숙한 양육자에게 더 많은 미소를 지어 보이고, 눈에 보이지 않으면 싫어하는 표정을 짓는다. 낯선 사람을 만나면 긴장감을 가지고 응시하나, 한 명의 특정 개인에 대한 완전한 애착이 형성된 것은 아니다.

생후 6~7개월이 되면 의미 있는 변화가 일어나 영아의 애착 행동이 한 사람을 향한다. Jean Piaget의 대상영속성 개념이 출현하는 시기로, 엄마가 시야에서 사라졌을 때도 계속 존재한다는 것을 영아가 이해할 수 있기 때문에 특정 개인에게 애착할 수 있다. 또한 이 시기의 영아는 기어 다닐 수 있어 자유롭게 주변을 탐색할 수 있고, 양육자를 자기에게로 오게 하거나 먼저 다가갈 수 있게 된다.

8개월경의 영아는 낯선 사람에 대해 확실한 불안감을 나타내며 양육자가 자기 주변에 없다는 것을 알게 되면 울면서 자신에게 집중하여 상호작용하여 주기를 원한다. 10개월 정도가 되면 영아는 엄마를 새로운 상황에 대한 단서로 사용한다. 감정적인 표정들을 읽을 수 있기 때문에 엄마의 표정을 보고 새로운 상황이나 사물이 두려운 것인지 그렇지 않은 것인지를 알게 된다. 24개월 정도가 되면 영아는 형제, 할머니, 할아버지 등 주변 사람들로 애착을 확장시킨다.

John Bowlby 이후, 다양한 애착 관련 연구들이 이루어졌고 부모, 특히 주 양육자인 어머니와의 생후 1년간의 안정애착의 중요성은 불변이나, 또 다른 여러 실험에서 부모 이외 양육자의 애정 어린 일관된 반응 또한 안정애착에 영향을 주는 것으로 나타났다.

앞으로도 만 0세 영아의 보육 비율이 지속적으로 높아질 것으로 예측되는 상황에서 어린이집이 영아의 중요한 양육 환경이 되었다. 이에 6~12개월 사이 영아가 낯선 이에 대한 불안이 극대화되는 시기에 함께하는 담임교사와의 안정된 애착 형성에 대한 중요성과 그에 대한 관심도 높아졌다.

김윤경(2006)에 따르면, 영아는 어머니에 대한 애착과는 별도로 교사에 대해서도 안정된 애착을 형성할 수 있고, 놀랍게도 Cassibba 외(2000)의 연구에 따르면 교사와 안정애착을 형성한 14개월에서 36개월 영아들이 어머니와 안정애착을 형성한 영아들보다 더욱 높은 인지적 놀이수준을 보였다. 이는 가정에서의 주 양육자인 어머니 외에 기관에서의 또 다른 주 양육자인 담임교사가 애착의 형성 과정 및 중요성을 인식하고 영아의 요구와 흥미에 맞춘 민감한 상호작용을 뒷받침한 결과이다.

영아보육에서 영아들이 달성해야 할 발달의 여러 과정을 애착중심으로 생각해 봤을 때, 단지 그들의 기본적인 욕구만을 충족시키는 보호만으로는 결코 달성할 수 없다. 애착은 주 양육자와의 안정적인 상호작용이고, 애착의 여러 연구에서 밝혀진 것처럼 영아의 요구가 있을 때 양육자는 일관되고 애정적으로 반응해 주어야 한다.

현재 우리나라 보건복지부에서는 표준보육과정 및 평가인증제를 통해 영유아의 초기 기관 적응을 돕기 위해 적응 프로그램의 단계적인 실시와 부모와의 영유아 적응에 대한 긴밀한 소통을 제안한다. 영유아의 보육기관 초기 적응의 성패가 이후 기관 생활에 많은 영향을 주며, 건강한 성장과 발달은 이들의 안정적인 애착 형성, 안정적인 적응 이후를 도모할 수 있을 만큼 중요하기 때문이다.

2013년 개정 고시된 제3차 어린이집 표준보육과정에 기초하여 개발된 영아보육프로그램 중 0세를 살펴보면, 전반적으로 영아기 발달을 고려하고 영아의 요구와 흥미에 맞춘 교사와의 민감한 상호작용을 기반에 둔다고 되어 있다. 총론인「운영의 이해」의 'Ⅲ. 영아를 위한 프로그램의 계획·운영 및 평가' 중 사회관계 영역의 교사 지침, 'Ⅴ. 영아를 위한 적응 기간 운영'과「영아보육프로그램 0세」의 '낯설어요'에서 영아교사의 전문적 수행 중 하나인 영아의 신호에 민감하고 반응적인 역할을 통한 안정된 애착 형성을 강조한다.

구체적으로「운영의 이해」의 'Ⅴ. 영아를 위한 적응 기간 운영'에서 영아의 연령에 따른 적응과정과 함께 '적응을 돕는 교사의 역할 및 상호작용'을 위한 활동으로 만 0세아를 위해 '교사와 마주 보기, 교사의 얼굴 탐색, 선생님의 따뜻한 손길을 느낄 수 있는 활동, 선생님과 함께하는 감각놀이'를 2~3문장의 간단한 상호작용 예시와 함께 제시한다. 또「영아보육프로그램 0세」에서 '낯설어요' 주제의 24개 활동 중, '영차, 영차, 엄마에게로' 등 10개 활동은 안정적인 애착 형성을 기반에 둔 사회관계 영역의 내용과 관련된다.

그러나 1절에서 언급한 바와 같이, 표준보육과정에 기초하여 개발된 영아보육프로그램에 안정애착 형성을 위한 사회관계 영역 관련 활동 자체가 충분하지 않은 상황에서 담임교사의 역할이 부각된다. 교사가 표준보육과정을 최소한의 기준으로 삼고 안정애착 형성을 주목적으로 영유아들에게 친숙한 놀이를 그들의 요구와 흥미에 맞추어 기관 안에서 특별한 장비 없이, 영아가 시작하든 교사가 시작하든, 일과 중 어느 곳에서나 웃으며 함께한다면 영유아와의 관계를 강화시키고 친밀함을 느낄 수 있을 것이다. 애착을 주목적으로 하는 활동을 통해 영유아들과 긍정적인 애착 관계를 더 빨리 편안하고 용이하게 맺게 된다면, 영유아들은 담임교사를 통해 형성된 안정적인 애착을 바탕으로 기관에 더 잘 적응할 수 있게 된다.

교사와 형성된 안정애착은 부모 등 가정에서의 주 양육자와의 애착 경험과 함께 영유아들의 건강한 인격 형성에 도움을 주고, 사회성 발달을 돕는 데 기여할 것이다. 민감한 엄마의 능력은 심지어 키우기 어렵고 예측 불가능한 영유아에게 잘 맞추어서 영유아가 순탄하게 잘 자랄 수 있도록 한다(Bowlby, 1999). 마찬가지로 교육기관에서의 주 양육자인 담임교사가 즐거운 놀이를 하면서 민감하고 반응적으로 일관되게 안내해 준다면, 기질적으로 예민하고 까다로운 영유아 또한 건강하게 성장할 수 있도록 도울 수 있다.

영아들이 입으로 내는 소리나 옹알이를 교사가 애정을 담아 기분 좋게 따라 해 주고, 손이나 발, 배에 대고 입을 맞추거나 까꿍 놀이, 있다 없다 놀이, 무릎이나 발등 위에 올려놓고 신체적인 접촉을 자주 그리고 일관되게 하는 과정에서 영아들은 신뢰, 친근감, 자신감, 상호성, 즐거움을 얻을 수 있게 된다. 이때, 특히 담임교사가 영아들과 즐거운 놀이를 하면서 민감하고 반응적으로 대한다면 영아들은 타인과 긍정적으로 소통하고 관계 맺는 법을 배우게 된다.

안정애착 형성을 주목적으로 하는 애착 놀이는 여러 가지 행동 문제를 보이는 영유아와 삶의 위기 단계에서 도움이 필요한 영유아, 과거 상처로부터 치유가 필요한 영유아 그리고 정상 발달선상에 있는 영유아에게까지 두루 도움이 될 수 있다는 특징이 있다(김미나, 2015). 애착 놀이는 힘든 시기에 영유아들에게 강력한 치유 작용을 할 수 있다. 매일 단 20~30분의 놀이 시간에도 영유아는 엄청난 도움을 받을 것이다. 이러한 형태의 치료적 놀이를 시작하는 시기는 언제가 되든지 결코 늦지 않다(Solter, 2013). 영유아와 함께 놀이하고 웃으면서 많은 양육 문제를 해결할 수 있고, 영유아가 긴장과 충격에서 치유되도록 도울 수 있다.

애착의 중요성과 그 영향성을 생각해 봤을 때, 영아보육에서 안정적인 애착을 주목표로 하는 활동은 특정 시기, 특정 주제와 활동에서만 나타나는 것이 아니라 영아들의 일상생활에서 빈번하게 일정한 틀에 구애 없이 자유롭게 전개되어야 한다. 안정애착이 형성된 상황에서도 애착을 주목적으로 하는 활동이 이루어진다면 애착은 강화되고 견고해진다. 표준보육과정은 보편적인 보육을 실현하기 위한 최소한의 것이기에 이와 같이 영유아의 올바른 성장과 발달을 위해 안정된 애착 형성과 애착 증진을 최우선 목표로 하는 특별한 애착 활동이 필요하다. 여기에 우리가 영아보육에서 애착 놀이를 다루는 중요성이 있다.

3. 애착 놀이의 개념

애착이라는 용어를 처음 사용한 학자는 영국의 정신분석가인 Bowlby이다. 그는 영유아와 양육자 간의 정서적 유대를 애착이라고 표현했다. 그 후 영유아의 애착을 강조하는 수많은 연구 결과와 저서들이 쏟아져 나왔다. 많은 연구 결과가 갖는 공통점은 영유아기의 애착은 사회적 상호작용의 기초가 된다는 것이다.

영유아는 생후 1년 동안 형성한 양육자와의 애착을 기반으로 이후의 관계를 형성해 나간다. 기거나 걷기 시작하는 시기에 영아는 정서적 유대를 형성한 양육자를 하나의 안전기지로 인식하는데, 이 양육자의 주변을 살펴보고 다시 돌아오는 과정을 되풀이한다. 이때 주 양육자의 반응이 애착의 형태를 결정하고, 이 애착 형태는 영아의 지각, 감정, 이후의 관계에 대한 생각과 기대에도 관여하게 된다.

생후 첫해 동안 양육자가 애정을 담아 일관되게 반응해 준 영아는 새로운 상황에 처해졌을 때 이전의 안정애착 경험을 바탕으로 더 잘 적응하고 자신감이 있으며, 덜 공격적이고 덜 불안해한다. 이후 학교생활에서도 더 많은 또래 친구를 사귀고, 교사들도 더 유능하다고 평가한다(Sroufe et al., 2005).

애착이 형성될 생후 1년 시기에 지속적으로 분리되거나, 반응성 부족, 무시하거나 거부, 비일관되게 반응하였던 엄마를 둔 아이는 불안정하게 애착을 형성하였다(Ainsworth et al., 1971). 애착과 관련한 많은 연구에서 만약 영유아가 안정적인 애착을 형성하지 못했다면 이는 행동·정서적 문제를 일으키는 원인이 될 것이라고 한다.

생후 첫 3개월과 9~12개월 시기 영아의 울음 양을 비교했을 때, 첫 3개월 안에 울 때 즉각적으로 관심을 기울이는 엄마의 영아와 그렇지 않은 엄마의 영아는 울음의 양 차이가 의미 있게 나타나지 않았다. 그러나 그들이 9~12개월에 접어들었을 때 즉각적으로 관심을 기울이는 엄마의 영아가 울도록 내버려 두는 엄마의 영아에 비해 훨씬 적게 울었다(Ainsworth et al., 1978).

Tizard & Hodges(1978)는 8세 된 51명의 아이들의 행동에 대해 보고했다. 51명 모두 생후 첫 2년 동안 양육기관에서 성장했고 25명이 입양되었는데, 20명은 만 4세 이전에, 5명은 만 4세 이후에 입양됐다. 만 4세 이후에 입양된

5명의 아이들 중 최소 절반은 학교에 다니면서 심하게 말썽을 부린 것으로 나타났으며, 흥분되어 있고 다투기를 좋아하고 비순종적이고 비판에 화를 냈다. 아이가 자신의 수양부모와 애착 관계를 어떤 형태로 형성하는가의 여부는 주로 수양부모가 이들을 어떻게 대하는지에 달려 있었다. 수양부모가 이들의 관심과 보호에 대해 욕구를 즉각 받아들일수록, 더 많은 시간을 할애할수록 애착 관계는 더 분명하게 나타났다(Bowlby, 1999).

이처럼 친부모든 수양부모든 영유아기에 주 양육자와의 안정애착이 부족하였던 아이들은 이후 더 많은 행동장애와 불안장애를 갖게 되고 이후의 삶에 부정적 결과를 가져온다.

다행히 사회적 상호작용의 기초가 되는 애착은 긍정적인 사회적 상호작용 과정인 놀이를 통해서도 안정적인 방향으로 형성될 수 있다. 놀이는 다양하게 정의할 수 있으며, 일반적으로 스스로 선택하고, 자발적이며, 개방적이고, 즐길 만한 것이면 어떠한 활동도 모두 놀이라고 정의한다(Rubin, Fein, & Vandenberg, 1983).

놀이는 어떠한 동기나 뚜렷한 목적을 가지지 않는다. 어떤 놀이를 할 것인지는 놀이를 하는 영유아가 자유롭게 선택할 수 있고, 다른 사람이 시켜서 하는 것이 아니라 자기 스스로의 결정에 의해 이루어진다. 또한 놀이 중간에 그 형태가 변형될 수 있고, 타인의 참여도 가능하고 그 참여가 수시로 이루어질 수 있으며, 분명히 정해진 규칙도 없다.

가장 중요한 것은 놀이를 하면서 즐겁다는 것이다. 놀이는 승부를 따지지 않으며 결과에 대해 설명할 필요도 없고, 의무적으로 수행해야 할 과제도 아니다. 스스로 선택하고 자발적이었던 놀이가 의무감을 갖는 순간 그것은 놀이가 아니게 된다.

놀이는 우리 자신만의 세계와 인격, 게임과 규칙, 놀잇감 등을 만들게 하여 지식을 변형시키고 새로운 이해를 가능하게 하기도 한다(Root-Bernstein, 1999). 우리가 놀이라고 생각되지 않는 여러 가지 활동들도 스스로 선택하고 즐거워하며 과정중심적이라면 놀이라고 본다.

인간의 발달에 중요한 기능을 하는 놀이는 수 세기 동안 긴장감을 감소시키고, 불안을 표출하는 기초적인 행위라고 인식되어 왔다(Axline, 1969; Freud, 1961; Spencer, 1954). 또한 심리학자들은 놀이가 우정 형성과 사회적 기술을 익히기 위한 이상적인 맥락을 제공한다고 오래전부터 주장해 왔다(Connolly & Doyle, 1984).

이상과 같은 내용을 바탕으로 놀이의 발달적인 이점을 정리해 보면 다음과 같다. 첫째, 놀이를 통해 인지적 발달을 도울 수 있다. 둘째, 문제해결력을 증진시킨다. 셋째, 창의성을 키운다. 넷째, 건강한 인격 형성을 돕는다. 다섯째, 읽기를 촉진한다. 여섯째, 사회성 발달을 도울 수 있다.

놀이가 가지고 있는 여러 가지 발달적 이점 중에 우리가 주목해야 할 것은 놀이가 건강한 인격 형성에 도움을 주고, 사회성 발달을 돕는 데 기여한다는 것이다. 영유아는 다양한 놀이를 통해 타인과 관계하며, 스스로의 감정을 이해하고, 다른 사람의 감정을 공유하며, 자신과 타인을 좀 더 객관적으로 지각할 수 있게 된다.

나아가 놀이를 통한 관계 속에서 영유아들은 사회적 기술을 익히게 되고, 상대방과 더욱 깊은 친밀감을 느낄 수 있는 기회를 가지게 된다. 특히 주 양육자와 함께하는 긍정적인 놀이에서 영유아는 깊은 친밀감을 바탕으로 양육자와의 애착을 안정적으로 형성하게 된다.

이상에서 설명하고 있는 애착과 놀이에 대한 개념을 바탕으로 애착 놀이를 정의하면, 영유아와 양육자 간에 애착 증진이 이루어지는 자발적이고, 개방적이며, 뚜렷한 형태가 없고, 그 과정이 즐거운 놀이라고 요약할 수 있다.

Aletha J. Solter(2013)는 25년간 애착, 치료, 신경과학 분야의 연구에서 지원된 애착 놀이라고 불리는 상당히 효과적이고 즐거운 부모-자녀 놀이 활동들을 개발하고 적용했다. 주 양육자와의 긍정적 상호작용은 스트레스를 감소시키고, 성장과 치유를 촉진하며, 기분이 좋아지는 화학 원소인 옥시토신의 생산을 자극한다. 타인과의 협력을 통한 놀이는 공격적 행동을 통제하는 뇌 영역을 자극하며, 웃음은 스트레스 호르몬을 감소시켜 화와 걱정을 해결해 준다(Solter, 2013).

특히 Solter(2013)는 애착 놀이가 다양한 문화권의 가족들과 만 0~12세의 아이들에게 모두 효과적이라는 것을 발견했고, 외상 경험 후 아이를 충격으로부터 회복시키는 데 일조하는 특정 종류의 놀이를 부모가 아이들과 함께하면서 유익한 변화를 경험하고 놀라워했다고 한다.

다시 말하면, 애착 놀이는 영유아와 양육자가 함께 웃고 즐거움을 나누며 여러 가지 상황으로 인해 야기되는 긴장을 줄일 수 있는 놀이이다. 이 과정에서 애착이 강화되며 행동·정서적 문제를 해결할 수 있다. 궁극적으로 애착 놀이를 통해 안정된 애착 관계를 형성할 수 있고, 안정적으로 형성된 애착은 더 견고해질 수 있다.

4. 애착 놀이의 특징

Solter는 애착 놀이의 특징을 다음과 같이 설명하고 있다.

* 애착 놀이는 양육자와 영유아의 연결을 강화해 주는 상호작용적 놀이이다.
애착 놀이는 양육자와 영유아가 서로 더 가깝게 느끼도록 해 준다. 놀이를 통하여 서로에 대해 더 긍정적으로 인식할 수 있다.

* 애착 놀이는 웃음을 동반한다.
양육자가 일방적으로 영유아에게 웃음을 제공하는 것이 아니라, 영유아와 함께 웃을 수 있다. 함께 웃는 과정에서 영유아와 양육자는 긴장, 불안 등을 줄일 수 있다.

* 애착 놀이는 영유아가 시작할 수도 있고 양육자가 시작할 수도 있다.
영유아가 애착 놀이를 먼저 시작할 수도 있다. 양육자는 영유아 행동의 주의 깊은 관찰을 통해 의도를 알아차릴 수 있도록 노력하고, 때로는 여러 가지 이유(구체적인 훈육, 감정적 해소 등)로 영유아와의 정서적인 지지를 위해 애착 놀이를 시작할 수 있다.

* 애착 놀이는 특별한 장비, 놀잇감이 필요하지 않다.
애착 놀이의 가장 큰 장점 중의 하나가 특별한 장비나 놀잇감이 전혀 필요하지 않고, 만약 필요하다면 이미 영유아가 가지고 있는 놀잇감이나 베개, 이불과 같은 물건들이다.

* 애착 놀이는 언제 어디서든 할 수 있다.
시간과 상관없이 잠자리, 욕실, 차 안, 놀이터, 병원, 마트 등 여러 장소에서 이루어질 수 있다.

* 애착 놀이는 이미 친숙한 활동들을 포함하고 있다.

영유아들이 아기 때 하던 이불을 이용한 까꿍 놀이나 무서운 동물, 귀신 흉내를 낼 때 양육자가 겁먹은 시늉을 한다면 이미 애착 놀이를 하고 있는 것이다.

여러 가지 놀이 중에서 다음과 같은 특징을 보이는 것은 애착 놀이가 아니다.

* 애착 놀이는 허용적인 훈육이 아니다.

애착 놀이는 양육자가 영유아의 행동에 한계를 설정하거나 일상적인 훈육 문제를 해결하는 데 도움을 줄 수 있다. 영유아 스스로 좀 더 협력하고 싶게 하고, 영유아가 버릇없이 되거나 모든 것이 무조건 재미있어야 한다는 생각을 하게 하진 않는다.

* 애착 놀이는 영유아에게 공격적이 되라고 가르치지 않는다.

애착 놀이는 영유아가 신체적으로 좀 더 적극적이도록 격려하나, 더 공격적으로 만들거나 과잉행동을 유발하지는 않는다. 반대로, 영유아를 좀 더 정적이고, 부드럽고, 인정이 많고, 협력적이 되도록 이끌 수 있다.

* 애착 놀이는 짓궂게 놀리는 것이 아니다.

애착 놀이는 영유아와 영유아의 감정을 존중한다. 영유아를 경시하거나, 영유아가 어떤 식으로든 무능하거나 열등하다고 느끼게 하지 않는다. 대신 영유아의 자존감과 자신감을 키워 줄 것이다.

* 애착 놀이는 경쟁적이지 않다.

승부가 있는 게임이나 스포츠와 반대로 애착 놀이에는 승자도 패자도 없다. 중요한 것은 양육자와 영유아가 좋은 시간을 가지며 어느 누구도 패자처럼 느끼지 않는다는 것이다. 애착 놀이에서는 모두가 승자가 된다.

애착 놀이는 오늘 노는 방법과 내일 노는 방법이 다를 수 있다. 양육자와 영유아는 기본적으로 안내하고 있는 애착 놀이의 방법과는 다른 서로 간의 고유의 방법으로 새롭게 놀이를 즐길 수 있다.

5. 애착 놀이의 유형

Solter는 애착 놀이를 아홉 가지 형태로 제시하고 각각의 놀이를 위한 지침을 안내하고 있다.

* 비지시적 아동중심 놀이 / 지침

영유아가 성인의 지시 없이 원하는 놀이를 자유롭게 할 수 있다. 영유아가 리더가 되고 영유아가 상상하고 개발할 수 있는 재료들, 블록이나 찰흙, 점토 등을 제공한다. 놀이 과정에서 영유아는 가족 갈등, 훈육 쟁점, 과거 외상 경험을 놀이 속에서 표현한다. 이러한 행동은 매우 정상적이고 건강하다고 본다. 영유아가 자신이 가진 갈등이나 도전을 타인과 나누고 싶어 할 정도로 안전하게 느낀다는 것으로 살펴볼 수 있다.

- 다양한 놀잇감과 재료(블록, 인형, 인형 집, 손 인형, 찰흙류, 꾸미기 옷, 미술 재료, 작은 모형, 동물, 자동차 등) 제공하기
- 영유아에게 가까이 앉아 온전하고 편안한 관심 기울이기
- 영유아 스스로 놀이 방식을 주도하고 원하는 놀이를 하게 하기

- 영유아가 초대할 때 놀이에 개입하기
- 영유아의 놀이에 대해 의견을 제공하나 분석하거나 가르치지는 않기
- 안전을 위한 제한 이외에는 허용적이기
- 개별 영유아와 놀이를 일주일에 한 번 이상, 30분간은 할 수 있도록 계획 세우기

* 구체적인 소품이나 주제(정신적 외상 관련)를 가진 상징 놀이 / 지침

영유아를 상처에서 회복시키는 데 효과적이다. 놀이를 하는 동안 영유아의 상처 깊은 경험에 관련된 구체적인 놀잇감을 제공하거나 그 경험을 놀이 주제로 삼아 봄으로써 좀 더 지시적인 역할을 할 수 있다. 상징 놀이는 배변 훈련, 형제 간 경쟁, 거짓말, 협력 부족과 같은 행동 문제에도 사용할 수 있다. 동물 인형과 다른 소품들을 가지고 구체적인 갈등 상황을 역할 놀이로 해 봄으로써 아이의 행동을 변화시킬 수 있다.

아동 주도
- 영유아가 이전의 충격적 경험과 유사한 놀이에 개입할 때, 상징 놀이를 격려할 기회를 포착하여 영유아에게 관심 가지기

성인 주도
- 성인과 영유아 모두가 조용하고 피로가 풀렸을 때를 선택하고 영유아가 안전하고 편안하다고 느끼게 만들기
- 영유아가 정신적 외상의 요소를 가진 장난감이나 활동으로 놀이하게 하기
- 환상 놀이, 이야기, 웃음을 격려하기
- 영유아의 행동을 조심스럽게 관찰하기. 영유아가 놀이하고 싶어 하면 그 활동을 계속하고, 흥미를 잃거나 힘들어하면 그 활동을 그만두고 수정하기

* 우발적 놀이 / 지침

성인의 행동을 영유아가 예상 가능하게 반복하며, 성인의 행동은 영유아의 행동에 따라 우발적으로 정해진다. 즉, 아이의 행동에 따르는 활동이다. 우발적 놀이는 영유아와의 결속을 증진시키고, 신뢰를 쌓으며, 영유아가 받아들여지고 있음을 알려 주고, 자기 권한을 강화시켜 주며, 예측력에 자신감을 갖게 한다. 모방 게임은 우발적 놀이의 한 형태다. 아기의 쿠잉을 따라 할 때 아기는 무척 즐거워한다. 모방 게임은 영유아가 감정 이입을 할 수 있게 도와준다.

기본적인 우발적 놀이
- 영유아가 행동을 시작할 때까지 기다리기
- 영유아의 행동에 따라 재미있는 소리나 움직임 만들기
- 영유아가 처음 행동을 반복할 때마다 양육자의 행동을 반복하기
- 웃음 격려하기
- 우발성을 지닌 변형된 놀이 소개하기

모방적인 우발적 놀이
- 영유아가 소리, 움직임 또는 표현을 만들어 낼 때 놀이로 영유아를 모방하기
- 영유아가 소리와 움직임을 반복할 때마다 영유아 계속 모방하기
- 더 나이 든 아이에게는 전통적인 모방 게임을 제안하기. 아이가 게임을 주도하게 하기

* 비상식적 놀이 / 지침

성인과 영유아가 명백한 실수를 만들거나 감정 또는 갈등을 놀이 삼아 과장시킴으로써 우스워 보이게 행동하는 놀이이다. 누구나 놀이를 시작할 수 있다. 종종 실수를 만들어 내는 비상식적 놀이에서 영유아가 우스꽝스러운 활동을 할 때 자

발적으로 터져 나오는 웃음은 긴장의 이완을 의미한다. 과장은 비상식적 놀이의 또 다른 유형이다. 갈등을 터무니없는 정도로까지 재미있게 과장함으로써 우스꽝스러운 게임을 만들 수 있다.

아동 주도

- 영유아가 잘못된 행동을 고의적으로 했을 때 영유아가 우스꽝스러워지고 다른 실수들을 만들도록 격려하면서 영유아의 놀이에 즐겁게 참여하기
- 웃음 격려하기

성인 주도

- 훈육 갈등을 위해 행동이나 갈등을 과장하여 황당하게 만들거나 익살스러운 게임으로 만들기
- 공포의 극복을 위해 성인과 영유아 모두 하찮은 것에 놀라는 척하는 게임을 제안하기
- 웃음 격려하기
- 영유아가 놀림을 받거나 조롱거리가 되지 않도록 명심하기

* 분리 게임 / 지침

성인과 영유아 사이에 짧은 시각적 또는 공간적 분리를 만드는 놀이이다. 까꿍 놀이와 숨바꼭질같이 잘 알려진 게임을 포함한다. 잡기 놀이 또한 분리 게임의 한 형태이다. 영유아가 어린이집이나 학교에 가는 것과 같은 일상의 분리를 놀이로 다뤄 볼 수 있다. 상처가 되는 분리나 상실 경험은 해 보지 않았으나, 버려지거나 격리되는 것에 대한 상상의 두려움을 가진 영유아들에게도 유용할 수 있다.

- 까꿍 놀이, 숨바꼭질 또는 쫓기 게임을 하면서 영유아와 일시적인 분리 상황 만들기
- 서로를 찾아서 시각적 · 물리적으로 다시 연결하기
- 웃음 격려하기
- 영유아가 힘들어한다면 너무 오래 숨어 있거나 떨어져 있지 않도록 하기

* 권한 전도 게임 / 지침

성인이 약하고 두려워하며, 서투르고 멍청하며 화난 것처럼 행동하는 놀이 활동이다. 우발적 놀이와 비슷하나 영유아를 단순히 모방하는 것이나 영유아의 명령에 복종하는 것 이상이다. 성인의 놀이 연기는 권한 전도 게임의 필수 요소이다. 대부분의 영유아는 성인보다 작고 약하기 때문에 무력하게 느낀다. 권위주의적 훈육이나 학대와 같은 성인이 가한 상처로부터 아이를 낫게 할 수 있다. 영유아들의 좌절, 분노, 불안, 무력감의 고통스러운 감정을 풀어낼 수 있는 기회를 갖게 해주기 때문이다.

- 약하거나 무서워하거나 서투르거나 멍청한 척하기
- 영유아로 하여금 넘어뜨리거나 놀래키거나 잡거나 기다리게 만들거나 게임에서 이기게 하기
- 웃음 격려하기
- 놀이하면서 필요하다면 안전을 위한 제한을 설정하여 영유아가 이러한 활동을 이해하지 못하는 다른 사람들과는 하지 않아야 한다는 것을 명백히 하기

* 퇴행 게임 / 지침

어린 영유아들과 평범하게 할 수 있는 활동들을 포함한다. 퇴행 게임은 결속과 치유 모두에 중요하다. 아기같이 사랑스럽게 양육되는 경험을 제공함으로써 조기 학대, 방임, 분리에서의 정신적 외상을 해결하도록 도울 수 있다. 영유아들이 더 어릴 때 필요로 하였던 종류의 관심을 주고, 더 성장하고 발달하도록 힘을 부여한다.

아동 주도

- 영유아가 아기 혹은 더 어린 영유아가 된 것처럼 행동하기
- 영유아를 놀이하는 식으로 아기처럼 다루기. 아기 게임을 하거나 양육 놀이 활동을 시작하기

성인 주도

- 아기 게임을 시작하기
- 양육 놀이 활동을 시작하기

* 신체 접촉이 있는 활동 / 지침

서로 만지고 놀이하는 즐거움을 나누는 것은 애착과 긴밀한 유대를 강화하는 데 영향력 있는 요소이다. 접촉한다는 것은 아이에게 자신의 몸을 인식하게 하고 자신의 몸에 대해 좋은 느낌을 가지게 한다.

- 영유아를 자주 안고 부드럽게 흔들어 주기
- 영유아를 접촉이 있는 놀이 활동에 개입시키기
- 접촉을 스포츠, 게임 그리고 다른 활동에 통합할 방법을 찾기
- 영유아가 접촉을 시작하면 영유아를 밀어내지 말기. 영유아가 당신에게 매달리면 그것으로 게임 만들기
- 영유아가 안기거나 접촉하기를 원하지 않는다면 영유아의 경계를 존중하기. 그러나 물리적으로 연결할 재미있는 방법을 찾아보기

* 협력적 게임과 활동 / 지침

성인과 영유아의 결속을 단단하게 해 준다. 협력적 게임은 질지도 모른다는 두려움을 느끼지 않게 하면서도 의미 있는 관계를 맺을 기회를 제공한다. 모든 이는 공동의 목적을 향해 나아가며 아무도 잃는 사람이 없다. 영유아와 공동의 목표를 향해 협력할 때, 그것이 게임이든 실생활 활동이든 자연스러운 동참 욕구에 기반을 둔 의미 있는 관계를 형성하고, 서로에게서 최선을 끌어내며 서로의 강점을 인식하는 법을 배우게 된다.

- 영유아를 협력적 활동에 개입시키기
- 협력 게임을 하기
- 협력적 보드 게임을 찾거나 수정하기
- 승부가 있는 스포츠를 비경쟁적인 것으로 수정하기
- 재미를 느끼기. 이기고 지는 것보다는 공동의 목표에 도달하는 것에 의미 두기

다음의 「애착 놀이의 실제」에서 소개하고 있는 활동들은 Solter가 구분한 애착 놀이의 아홉 가지 형태인 '권한 전도 게임, 분리 게임, 비상식적 놀이, 구체적인 소품과 주제를 가진 상징 놀이, 신체 접촉이 있는 활동, 비지시적 아동중심 놀이, 우발적 놀이, 퇴행 게임, 협력적 게임과 활동'을 안정된 애착 형성과 애착 증진을 목표로 우리 영아들에게 적합한 활동으로 계획하여 실제 보육현장에 적용·실시하고 정리한 것이다.

II

애착 놀이의
실제

1. 권한 전도 게임
- 선생님 한 입 나 한 입
- 팔에 꽁!
- 뽀드득뽀드득 내 몸이 깨끗해졌어요

2. 분리 게임
- 어디로 갔을까? 까꿍!
- 간식을 찾아라!
- 갔다 올게

3. 비상식적 놀이
- 뒤로 걸어요
- 변해라 발!
- 마음껏 소리 내요

4. 구체적인 소품과 주제를 가진 상징 놀이
- 알록달록 색깔 똥
- 요리 팡팡! 신나는 요리
- 깨끗한 몸으로 변신해요

5. 신체 접촉이 있는 활동
- 불무불무
- 질라래비 훨훨
- 똥 단지 팔기

6. 비지시적 아동중심 놀이
- 모래를 조물조물
- 붕~자동차가 지나가요
- 미끌미끌 주물주물

7. 우발적 놀이
- 앗! 떨어졌다
- 어느 쪽으로 돌까요?
- 푸푸~ 퉤퉤~

8. 퇴행 게임
- 엉금엉금 장난감을 찾아라!
- 달려라! 앉은뱅이 방석
- 앞으로 뒤로 뒤집어 보아요

9. 협력적 게임과 활동
- 그릇 심벌즈로 찬! 찬! 찬!
- 놋다리밟기
- 영차, 영차 물 풍선 놀이

1. 권한 전도 게임

활동명 1	선생님 한 입 나 한 입

생활 주제	나는 할 수 있어요	주 제	놀잇감은 재미있어요
대상 연령	만 1세	활동 유형	역할 놀이 활동: 개별, 소집단
표준보육과정 관련 요소	• 자연탐구: 탐구하는 태도 기르기-탐색 시도하기 • 사회관계: 더불어 생활하기-안정적인 애착 형성하기 • 예술경험: 예술적 표현하기-모방 행동 즐기기		

🍎 **활동 목표: 애착 놀이(권한 전도 게임)**

• 소꿉놀잇감을 다양한 방법으로 탐색한다.

• 소꿉 그릇에 음식을 담아 요리하는 흉내를 낸다.

• 놀이를 반복하며 교사와 애착을 형성한다.

활동 자료

• 소꿉놀이 놀잇감(그릇, 음식 모형, 숟가락, 포크 등)

활동 방법

• 교사가 영아와 함께 음식 모형을 소꿉 그릇에 담아 보며 여러 가지 방법으로 탐색해 본다.

○○가 사과를 그릇에 담았구나. 오이도 담았네.

접시에 맛있는 고기도 올렸구나.

숟가락으로 저으니 달그락달그락 소리가 나네.

- 음식 모형을 소꿉 그릇에 담아 음식상을 차린다.

우리 ○○가 지금 어떤 요리를 하고 있을까?

음~ 맛있는 냄새가 나네. 우리 ○○가 만든 요리 정말 맛있겠구나.

- 음식을 차려서 영아와 함께 먹는 흉내를 내어 본다.

우리 ○○가 지금 고기를 먹고 있네.

오이도 먹고 있구나.

아삭아삭 오이가 정말 맛있겠다.

- 교사가 아기가 되어 영아가 교사에게 음식을 먹여 줄 수 있도록 유도한다.

(교사가 아기 흉내를 내며) 아~ 아기도 한 입 주세요.

포크로 찍어서 고기도 주세요.

- 여러 가지 방법으로 영아와 함께 먹는 흉내를 내어 본다.

(교사가 아기 흉내를 내며) 앗 뜨거워! 호호~ 불어서 식혀 주세요.

사과도 먹고 싶어요.

냠냠냠, 아~ 맛있어요.

🌐 활동 시 유의점

- 교사가 먹는 흉내를 내며 영아의 반응에 적극적으로 반응해 준다.

🏀 확장 활동

- 밀가루 반죽을 제공하여 그릇에 담아 먹는 시늉을 해 볼 수도 있다.

📷 활동 사진

1. 권한 전도 게임

활동명 2	팔에 꾹!

생활 주제	좋아하는 놀이가 있어요	주 제	흉내를 내요
대상 연령	만 1세	활동 유형	역할 놀이 활동: 개별, 소집단
표준보육과정 관련 요소	• 자연탐구: 탐구하는 태도 기르기-탐색 시도하기 • 예술경험: 예술적 표현하기-모방 행동 즐기기		

🍎 **활동 목표: 애착 놀이(권한 전도 게임)**

• 병원 놀이 용품을 탐색한다.

• 병원 놀이 용품으로 흉내 내기 놀이를 한다.

⋰ **활동 자료**

• 병원 놀이 놀잇감

▦ **활동 방법**

• 교사가 영아와 함께 다양한 병원 놀이 놀잇감을 탐색한다.

　　○○야, 이게 뭘까? 무엇을 하는 물건일까?

　　○○는 이것을 본 적이 있니? 어디서 봤을까?

　　이것은 누가 쓰는 물건일까?

의사/간호사 선생님은 이것으로 무엇을 하는지 알고 있니?

- 영아와 함께 병원 놀이를 해 본다.

  우리 ○○도 엄마와 함께 병원에 간 적이 있지?

  병원에 가면 누가 있을까?

  우리 ○○가 의사/간호사 선생님이 한번 되어 볼까?

- 영아가 교사에게 주사를 놓아 보도록 유도한다.

  (환자 역할을 하며) 콜록콜록, 의사/간호사 선생님 제가 감기에 걸렸나 봐요.

  어떻게 해야 감기가 나을 수 있을까요?

- 영아가 교사에게 주사를 놓을 때 겁에 질린 표정을 지으며 무서워하는 시늉을 한다.

  (겁에 질린 표정을 지으며) 주사도 맞아야 해요? 어디에 맞아요? 손에 맞아요? 으으, 아프지 않게 해 주세요.

  (교사가 겁에 질린 표정으로 도망가는 시늉을 하며) 주사 맞기 싫어요. 주사 안 맞으면 안돼요? 으앙 주사가 너무 무서워요.

  (영아가 주사를 놓으면 우는 시늉을 하며) 아야! 으앙으앙~

🎙 활동 시 유의점
- 영아가 병원 놀이 놀잇감을 충분히 탐색해 볼 수 있는 시간을 제공한다.

🏀 확장 활동
- 환자를 인형으로 대체하여 교사가 인형을 움직이며 놀이해 볼 수도 있다.

1. 권한 전도 게임

활동명 3	뽀드득뽀드득 내 몸이 깨끗해졌어요

생활 주제	좋아하는 놀이가 있어요	주 제	흉내를 내요
대상 연령	만 1세	활동 유형	역할 놀이 활동: 개별, 소집단
표준보육과정 관련 요소	• 기본생활: 건강하게 생활하기-몸을 깨끗이 하기 • 사회관계: 더불어 생활하기-안정적인 애착 형성하기 • 예술경험: 예술적 표현하기-모방 행동 즐기기		

● **활동 목표**: 애착 놀이(권한 전도 게임)

• 목욕 용품으로 흉내 내기 놀이를 한다.

• 놀이를 통해 몸을 깨끗해지는 경험을 한다.

• 놀이를 반복하며 교사와 애착을 형성한다.

활동 자료

• 목욕 놀이 용품(샤워 스펀지, 샤워 볼, 빈 비누통, 큰 그릇, 샤워기 모형 등)

활동 방법

• 교사가 영아와 함께 목욕 용품으로 목욕하는 흉내를 내어 본다.

(스펀지를 만져 보며) ○○아, 이게 뭘까? 스펀지가 폭신폭신하구나.

스펀지를 꾸욱 눌렀더니 쑤욱 들어가네.

(샤워기 모형을 들며) 쏴~ 샤워기에서 물이 나오네.

(손을 펼쳐 보며) 밖에서 신나게 놀았더니 손이 더러워졌네. 손을 씻어야겠어요.

(비누통을 만져 보며) 미끌미끌한 비누를 손에 묻혔더니 보글보글 거품이 나요.

뽀드득뽀드득~ 손을 씻어 보자.

• 영아가 교사를 씻겨 볼 수 있도록 유도한다.

뽀드득뽀드득 손을 씻었더니 손이 깨끗해졌네.

(교사의 다리를 바라보며) 그런데 여기 다리도 더러워졌구나.

우리 ○○가 씻겨 주는 거야?

보글보글~ 비누도 묻혀서 깨끗하게 씻겨 주세요.

(비누 냄새를 맡는 흉내를 내며) 음~ 비누 냄새가 정말 좋아요.

우리 ○○가 비누를 묻혀 팔을 씻어 주니 보들보들하네.

우리 ○○가 다리를 씻겨 주니 간질간질~ 간지럽구나.

이제 거품이 없도록 깨끗하게 행궈 주세요.

뽀드득뽀드득 우리 ○○가 씻겨 주어서 반짝반짝 깨끗해졌네!

깨끗해지니 정말 기분이 상쾌하고 좋구나~ 고마워요.

🏵 **활동 시 유의점**

• 영아가 목욕 용품을 충분히 탐색해 볼 수 있는 시간을 제공한다.

🏵 **확장 활동**

• 인형을 이용하여 목욕시키는 놀이를 해 볼 수 있다.
• 블록을 연결하여 목욕탕을 만들어 놀이해 볼 수 있다.

📷 활동 사진

2. 분리 게임

활동명 1	어디로 갔을까? 까꿍!

생활 주제	놀이할 수 있어요	주　제	까꿍 놀이는 재미있어요
대상 연령	만 0~2세	활동 유형	신체 활동: 개별
표준보육과정 관련 요소	* 신체운동: 신체 조절과 기본 운동하기-대근육 조절하기 * 자연탐구: 수학적 탐구하기-수량 지각하기 * 사회관계: 더불어 생활하기-안정적인 애착 형성하기		

● **활동 목표: 애착 놀이(분리 게임)**

- 신체의 다양한 부분을 움직여 본다.
- 숨겨진 대상을 찾아보며 즐거움을 느낀다.
- 놀이를 반복하며 교사와 애착을 형성한다.

활동 자료

- 스카프

활동 방법

- 영아에게 다양한 종류의 스카프를 제시한다.
- 영아와 함께 스카프를 탐색해 본다.

- 교사가 스카프로 숨는 모습을 보여 준다.

  ○○아! 선생님 없다! 선생님 어디에 있을까요?

- 영아가 스카프를 들출 수 있도록 유도한다.

  (영아가 스카프를 들추면) 선생님 여기 있네! 까꿍!

- 다른 신체 부위를 가린 후 찾아볼 수 있도록 한다.

  ○○아, 선생님 손(발, 몸통 등)이 없어졌네? 어디에 있을까?

- 영아에게 스카프를 제시하며 숨어 볼 수 있도록 한다.

  (영아가 스카프를 이용해 숨으면) ○○가 어디에 갔을까? ○○아!

- 영아의 스카프를 들추며 찾아본다.

  우리 ○○이 여기에 있었네! 까꿍!

활동 시 유의점

- 영아가 스카프로 숨는 것을 이해하지 못할 때는 손으로 눈을 가리고 진행할 수 있다.
- 스카프를 밟고 미끄러지지 않도록 유의한다.

확장 활동

- 스카프 외에 큰 종이 상자나 자신이 만든 블록으로 까꿍 놀이를 할 수 있다.
- 조금 더 긴 시간 동안 분리를 할 수 있다면 숨바꼭질 활동을 할 수 있다.

2. 분리 게임

활동명 2	간식을 찾아라!

생활 주제	나는 할 수 있어요	주 제	찾을 수 있어요
대상 연령	만 0~2세	활동 유형	조작 활동: 개별, 소집단
표준보육과정 관련 요소	• 신체운동: 신체 조절과 기본 운동하기-소근육 조절하기 • 자연탐구: 수학적 탐구하기-수량 지각하기 • 사회관계: 더불어 생활하기-안정적인 애착 형성하기		

● **활동 목표: 애착 놀이(분리 게임)**

• 컵을 조작해 보는 경험을 한다.

• 컵을 탐색하고 숨겨진 대상을 찾아본다.

• 놀이를 반복하며 교사와 애착을 형성한다.

활동 자료

• 간식, 놀잇감, 같은 크기의 컵이나 그릇

활동 방법

• 영아가 좋아하는 간식과 함께 컵을 준비한다.

• 컵의 모양, 크기를 탐색해 본다.

컵의 크기는 어떤 것 같니?

컵의 모양은 어떤 것 같니?

- 컵 속에 영아의 간식을 넣고, 컵을 덮었다가 다시 보여 준다.

  어? 이 컵 속에 ○○가 좋아하는 간식이 있네?

  간식이 어디로 갔을까? 여기에 있네! 까꿍!

- 간식이 어느 쪽에 들어 있는지 알려 주고, 컵을 움직여서 섞은 후 간식을 찾아본다.

  ○○의 간식이 어디에 있지? 찾아보자.

- 영아가 간식을 찾으면 칭찬해 주고 반복해 본다.
- 영아와 교사가 역할을 바꾸어 찾아본다.

🌐 활동 시 유의점

- 간식이 더러워지지 않도록 뚜껑이 있는 컵을 이용한다.
- 간식 외에 좋아하는 놀잇감을 이용하여 게임을 해 본다.

✳️ 확장 활동

- 월령에 따라 컵의 개수를 늘려 놀이해 본다.
- 교사와 역할을 바꾸어 영아가 간식을 숨겨 본다.

📷 활동 사진

활동명 3	갔다 올게

생활 주제	놀이할 수 있어요	주 제	까꿍 놀이는 재미있어요
대상 연령	만 0~2세	활동 유형	역할 놀이 활동: 개별, 소집단
표준보육과정 관련 요소	• 자연탐구: 수학적 탐구하기-수량 지각하기 • 의사소통: 말하기-말할 순서 구별하기 • 사회관계: 더불어 생활하기-안정적인 애착 형성하기		

● **활동 목표: 애착 놀이(분리 게임)**

• 숨겨진 대상을 찾으며 까꿍 놀이를 즐긴다.

• 역할을 바꾸어 엄마를 흉내 낼 수 있다.

• 놀이를 반복하며 교사와 애착을 형성한다.

활동 자료

• 의자 2개 또는 책상, 이불

활동 방법

• 의자 2개를 간격을 두고 세운 후, 위에 이불을 덮는다.

• 영아가 이불을 덮은 의자에 관심을 보이면 탐색할 수 있도록 한다.

이게 무엇일까? 앉을 수 있는 의자가 있네?

의자 위에는 무엇이 있지? 따뜻하게 덮고 자는 이불이 있네?

이불을 만져 보자. 이불의 느낌은 어떤 것 같니?

이불을 덮으니까 어떤 것 같니? (이불을 걷으며) 우리 ○○의 집이 생겼네?

- 영아가 이불 안으로 들어가면 영아를 찾는 흉내를 낸다.

우리 ○○가 없어졌네? 어디로 갔을까?

○○아! 어디에 있니?

- 이불 안에 숨어 있는 영아와 눈이 마주치면 영아의 이름을 부르며 안아 준다.

우리 ○○이 이불 집에 있었네!

- 영아가 다시 이불 집 안으로 들어갔다가 나오면 "선생님, 다녀올게." 하고 이야기한다.

- 교사는 일어나서 문 밖으로 나갔다가 들어온다.

까꿍! ○○가 선생님을 기다려 주었네!

- 교사와 영아의 역할을 바꾸어 해 본다.

(교사는 이불 집에 들어가서) 선생님! 잘 다녀오세요! (인사하고, 영아는 구두, 가방 등으로 선생님 흉내를 내며) "안녕." (인사하고 나갔다 들어온다.)

활동 시 유의점

- 의자가 넘어지지 않도록 주의한다.
- 영아가 오래 기다리지 않도록 문을 열고 금방 들어온다.

확장 활동

- 이불 집 안에서 음식 먹기, 잠자기, 놀이하기 등의 흉내 놀이를 할 수 있다.

• 이불 집에 초대하고, 초인종 누르는 흉내를 낼 수 있다.

📷 활동 사진

| 활동명 1 | 뒤로 걸어요 |

생활 주제	나는 친구가 있어요	주　제	친구와 함께하는 놀이가 있어요
대상 연령	만 2세	활동 유형	신체 활동 :소집단
표준보육과정 관련 요소	* 신체운동: 신체 조절과 기본 운동하기-신체 균형잡기 * 신체운동: 신체 활동에 참여하기-신체 활동에 참여하기 * 사회관계: 더불어 생활하기-또래와 관계하기		

● **활동 목표: 애착 놀이(비상식적 놀이)**

• 균형을 유지하며 걸을 수 있다.

• 음악에 맞춰 몸을 움직여 본다.

• 친구와 함께하는 놀이를 즐긴다.

활동 자료

• 없음

활동 방법

• 〈앞으로〉 동요에 맞춰 다양한 방법으로 걸어가 본다.

　노래에 맞춰 앞으로 걸어가 볼까?

친구하고 손잡고 걸어가 볼까?

선생님과 손잡고 걸어가 볼까?

- 〈앞으로〉 동요의 노랫말을 '뒤로' 바꾸어 노래를 부르며 놀이한다.

노래에 맞추어 뒤로 걸어가 볼까?

친구하고 손잡고 뒤로 걸어가 볼까?

선생님과 손잡고 뒤로 걸어가 볼까?

🌐 활동 시 유의점

- 넘어져 다칠 수 있으니 소그룹으로 활동할 수 있도록 한다.
- 주변의 장애물을 치워 안전사고에 유의한다.

🏀 확장 활동

- 뒤로 걸어가서 공차기

📷 활동 사진

활동명 2	변해라 발!

생활 주제	동물 놀이해요	주　제	동물 흉내를 내어요
대상 연령	만 2세	활동 유형	신체 활동: 개별, 소집단
표준보육과정 관련 요소	* 신체운동: 감각과 신체 인식하기-신체를 인식하고 움직이기 * 예술경험: 예술적 표현하기-모방과 상상 놀이하기 * 사회관계: 더불어 생활하기-또래와 관계하기		

🍎 **활동 목표: 애착 놀이(비상식적 놀이)**

* 신체의 일부분을 이용한 놀이를 경험한다.
* 동물의 움직임을 표현해 본다.
* 친구와 함께 흉내 놀이를 즐긴다.

❖ **활동 자료**

* 양말, 스티커, 음악CD (동물의 사육제)

활동 방법

* 양말을 장갑처럼 손에 끼워 본다.

  선생님 손에 양말을 끼웠더니 발로 변했네?

○○도 양말을 손에 끼워 볼래?

- 교사 또는 친구와 함께 동물 흉내를 내 본다.

선생님은 강아지가 되었어.

○○는 어떤 동물로 변신했지?

우리 같이 동물이 되어 움직여 볼까?

- 음악에 맞추어 동물 춤을 춰 본다.

강아지는 지금 기분이 아주 좋아서 이렇게 춤을 추고 있어.

○○는 어떤 춤을 추고 싶니?

- 양말을 낀 손으로 공을 찼다가 두 발로 공을 잡아 보는 놀이를 한다.

선생님이 공을 찰 거예요. ○○는 앉아서 발로 공을 잡아 보아요.

- 발가락에 크레파스를 끼우고 그림을 그려 본다.

발가락으로 그림도 그릴 수가 있어요.

주~욱 길게 선을 그어도 보고, 동그라미도 그렸어요.

🌐 활동 시 유의점

- 혼자 놀이하지 않고 교사와 상호작용하며 놀이하도록 한다.
- 미끄럼 방지가 되어 있는 양말을 착용하여 미끄러져 다치지 않도록 한다.
- 발로 크레파스를 잡지 못하는 경우 테이프로 붙여 준다.

💠 확장 활동

- 다른 동물 소리 내기(예: 강아지 → 야옹~)

3. 비상식적 놀이

활동명 3	마음껏 소리 내요

생활 주제	나는요	주 제	나는 느껴요
대상 연령	만 2세	활동 유형	신체 활동: 개별
표준보육과정 관련 요소	• 의사소통: 말하기-자신이 원하는 것을 말하기 • 신체운동: 신체 활동에 참여하기-기구를 이용하여 신체 활동하기 • 신체운동: 신체 조절과 기본 운동하기-대근육 조절하기		

🍎 **활동 목표: 애착 놀이(비상식적 놀이)**

• 자신의 생각과 느낌을 말로 표현한다.
• 팔을 뻗어 풍선 치기를 시도한다.

활동 자료

• 풍선, 리본(끈)

활동 방법

☞ 영아가 바람직하지 않은 언어를 사용할 때를 포착하여 시도한다.

• "아이 씨"라고 말하는 영아에게 다가가서 풍선 놀이를 시작한다.

풍선을 이용하여 "아이 씨" 게임을 한다.

교사가 먼저 풍선을 치며 "아이 씨"라고 말한다.

영아도 교사를 따라 말을 하며 풍선을 치도록 한다.

"아이 씨"를 말하며 웃음이 나올 때까지 계속 반복한다.

- 영아의 기분에 대해 이야기를 나눈다.

○○이 무엇 때문에 기분이 좋지 않나요?

풍선 놀이를 하고 나니 기분이 어때요?

- 화가 나거나 기분이 좋지 않을 때는 다른 방법으로 말할 수 있다는 것을 알려 준다.

화가 났을 때는 어떻게 말하면 좋을까?

기분이 좋지 않을 때는 어떻게 말하면 좋을까? ("나는 기분이 좋지 않아." "나 화가 났어." 등 말로 표현할 수 있음을 알려 준다.)

- 하고 싶은 말을 계속 참으면 역효과가 나기 때문에 적절하게 사용할 수 있는 방법에 대해 알아본다.

"아이 씨"란 말을 정말 하고 싶을 때는 어떻게 하면 좋을까? (그 말을 사용하고 싶을 때는 교사에게 귓속말로 표현하기, 입을 막고 말하기, 다른 사람이 들리지 않게 말하기 등)

🌐 **활동 시 유의점**

- 혼자 놀이하지 않고 교사와 상호작용하며 놀이하도록 한다.
- 바람직하지 않은 말을 처음 듣게 되었을 때 당황하거나 놀라지 않는다.
- 바람직하지 않은 말의 사용을 억제하기보다 풍선을 이용하여 행동을 과장되게 함으로써 웃음을 유도한다.

⊕ 확장 활동

• 부사(훨훨, 펄펄 등)를 사용하며 풍선 치기

📷 활동 사진

활동명

1

알록달록 색깔 똥

생활 주제	나는요	주 제	내가 좋아하는 것이 있어요
대상 연령	만 2세	활동 유형	미술 활동: 개별, 소집단
표준보육과정 관련 요소	· 신체운동: 감각과 신체 인식하기-감각 기관 활용하기 · 예술경험: 예술적 표현하기-모방과 상상 놀이하기 · 의사소통: 말하기-낱말과 간단한 문장으로 말하기		

● **활동 목표: 애착 놀이(구체적인 소품과 주제를 가진 상징 놀이)**

• 색점토를 주무르며 촉감을 경험한다.

• 놀이를 통해 자신의 생각을 표현하며 상상 놀이를 즐긴다.

활동 자료

• 놀이 점토, 동물 모형

활동 방법

• 색점토를 가지고 교사가 먼저 놀이를 시작한다.

(점토를 가리키며) 여기 있는 것이 뭘까?

(점토를 만지며) 동글동글 굴렸더니 똥 모양이 되었네?

- 영아가 관심을 가지며 놀이에 동참한다.

  (점토를 만지며) 선생님! 나도 똥 만들어 볼래요.

  이것 보세요! 긴 똥이 되었어요.
- 점토를 가지고 충분히 놀 수 있도록 한다.
- 동물 모형을 이용하여 역할 놀이를 한다.

  공룡이 커다란 응가를 했네?

  선생님, 노란색 응가를 했어요.

  ○○도 공룡의 응가를 만들었네?

🌐 **활동 시 유의점**

- 놀이 시 적극적으로 상호작용하여 상징 놀이에 흥미를 가질 수 있도록 한다.
- 가정에서 사용하는 단어를 사용한다(똥, 응가, 대변 등).
- 영아가 놀이를 주도할 수 있도록 교사는 조력자의 역할에 중점을 둔다.

🏀 **확장 활동**

- 아기 변기 안에 색깔 똥을 넣어요.

4. 구체적인 소품과 주제를 가진 상징 놀이

활동명
2

요리 팡팡! 신나는 요리

생활 주제	놀이할 수 있어요	주 제	놀잇감은 재미있어요
대상 연령	만 1세	활동 유형	역할 놀이 활동: 개별, 소집단
표준보육과정 관련 요소	• 자연탐구: 탐구하는 태도 기르기-탐색 시도하기 • 신체운동: 신체 조절과 기본 운동하기-소근육 조절하기 • 예술경험: 예술적 표현하기-모방 행동 즐기기		

🍎 **활동 목표: 애착 놀이(구체적인 소품과 주제를 가진 상징 놀이)**

• 나뭇잎을 탐색한다.

• 도구를 이용하여 나뭇잎 자르기를 할 수 있다.

• 요리하는 흉내를 내며 모방 놀이를 즐긴다.

❖ **활동 자료**

• 자연물, 칼, 소꿉놀잇감

📋 **활동 방법**

• 나뭇잎이 담긴 바구니를 가지고 영아와 상호작용한다.

　　○○가 만지고 있는 것은 무엇이지?

나뭇잎을 만지니 느낌이 어때?

- 소꿉놀잇감을 이용하여 요리 놀이를 하는 모습을 보여 준다.

  선생님이 지금 배가 고픈데~ 꽃과 나뭇잎으로 맛있는 음식을 만들어야겠어.

  (교사의 행동을 언어로 나타내 주기) 칼로 싹둑싹둑 잘라서~ 냄비에 담고 지글 보글 끓이니 맛

  있는 국이 되었어요.

- 영아가 직접 해 볼 수 있도록 격려한다.

  ○○도 한번 만들어 볼까요?

  ○○는 어떤 음식을 만들고 싶어요?

  ○○가 만든 된장국이 정말 맛있어요.

  친구들에게도 맛보여 줄 수 있어요?

- 친구들이 만든 음식을 차려 놓고 식사 시간 놀이를 한다.

  맛있는 음식들이 많이 있네?

  감사 인사를 하고 먹어 볼까요?

- 다른 반 선생님과 오빠, 누나들을 초대하여 식사 시간 놀이를 이어 간다.

- 놀이가 끝난 후 자신이 사용했던 자연물과 그릇을 스스로 정리할 수 있도록 격려

  한다.

🌐 활동 시 유의점

- 나뭇잎은 바닥에 떨어진 것으로 준비하여 자연을 훼손하지 않는다.
- 나뭇잎은 크기가 적당하며 날카롭지 않은 것으로 준비한다.
- 안전한 식물인지 확인해 보고 놀이 시 입에 닿지 않도록 주의를 기울인다.

🏀 확장 활동

• 나뭇잎을 이용하여 얼굴 표현해 보기

📷 활동 사진

활동명 3

깨끗한 몸으로 변신해요

생활 주제	재미있는 여름이에요	주 제	깨끗하게 씻어요
대상 연령	만 2세	활동 유형	역할 놀이 활동: 소집단
표준보육과정 관련 요소	* 신체운동: 신체 조절과 기본 운동하기-소근육 조절하기 * 예술경험: 예술적 표현하기-모방과 상상 놀이하기 * 사회관계: 더불어 생활하기-또래와 관계하기		

● **활동 목표: 애착 놀이(구체적인 소품과 주제를 가진 상징 놀이)**

• 블록으로 목욕탕을 만들 수 있다.

• 경험을 떠올리며 상상 놀이를 즐긴다.

• 친구와 놀이하는 즐거움을 경험한다.

활동 자료

• 블록, 때수건, 색솜 공 또는 불풀 공(거품 대용), 수건

활동 방법

• 목욕탕을 만들 수 있는 재료들을 탐색해 본다.

   친구들과 목욕탕을 만들어 놀이를 하면 어떨까요?

목욕탕은 무엇으로 만들면 좋을까요?

- 친구들과 협력하여 블록으로 목욕탕을 만든다.
- 선생님이 목욕탕에 들어가서 때수건으로 몸을 씻는 모습을 보여 준다.

  선생님이 먼저 목욕탕에 들어가 볼게요.

  물을 뿌리고, 머리도 감고, 세수도 하고~ 팔도 씻고, 다리도 씻고~ 아이 시원해.

  몸을 씻었더니 기분이 좋아졌어요.

- 영아들이 자발적으로 참여하여 놀이할 수 있도록 격려한다.

  친구들도 깨끗한 몸으로 변신해 볼까요?

- 친구들의 몸을 씻어 줄 수 있도록 유도한다.

  등은 손이 닿지 않아 씻을 수가 없어요. 어떻게 하면 좋을까요?

  친구가 등을 씻어 주니 기분이 어때요?

- 수건으로 자신의 몸을 닦고 친구의 몸도 닦아 준다.

⊕ 활동 시 유의점

- 목욕탕을 만들 재료를 탐색할 때 여러 가지 재료로 만들 수 있는 기회를 제공한다.
- 친구들과 협력하여 놀이할 때 좋은 경험이 될 수 있도록 돕는다.
- 자신의 신체를 사랑하는 마음을 가질 수 있도록 신체에 대한 긍정적인 말을 한다.

⊕ 확장 활동

- 동물 인형 목욕시켜 주기

5. 신체 접촉이 있는 활동

활동명 1	불무불무

생활 주제	움직여요	주 제	서고 걸어요
대상 연령	만 0세	활동 유형	신체 활동: 개별
표준보육과정 관련 요소	* 신체운동: 신체 조절과 기본 운동하기-신체 균형잡기 * 의사소통: 듣기-운율이 있는 말 듣기 * 사회관계: 더불어 생활하기-안정적인 애착 형성하기		

🍎 활동 목표: 애착 놀이(신체 접촉이 있는 활동)

• 서 있기 자세를 경험한다.

• 노래를 들으며 몸의 다양한 움직임을 즐긴다.

• 놀이를 반복하며 안정적인 애착을 형성한다.

⫶⫶ 활동 자료

• 없음

활동 방법

• 영아에게 불무불무 노래를 들려준다.

    (불무불무 노래를 흥얼거리며) ○○아, 이게 무슨 노래지?

선생님이 노래를 부르고 있네.

선생님이 지금 어떤 노래를 부르고 있을까?

- 바닥에 무릎을 세우고 앉은 뒤 다리로 서 있는 영아를 잡는다.
- 영아의 겨드랑이 사이에 손을 끼운 채로 불무불무 노래를 부르며 영아를 좌우로 흔들어 준다.

  흔들흔들~ 우리 ○○의 몸이 오른쪽, 왼쪽으로 흔들흔들하는구나.

  기우뚱기우뚱~ 우리 ○○가 춤을 추네.

- 이번에는 영아의 몸을 앞뒤로 흔들어 준다.

  우리 ○○의 몸이 앞으로 뒤로 왔다 갔다 움직이네.

불무불무 불무불아
어야라 불무 당기어라 불무
불무질을 잘하면 공부도 잘하지요
불무불무 불무불무
어야차 당기어라 불무불무

🌐 **활동 시 유의점**

- 교사가 손을 놓쳐 영아가 다치지 않도록 안전에 유의한다.
- 서지 못하는 영아에게는 앉아서 양손을 잡고 손을 좌우로 흔들어 준다.

📷 활동 사진

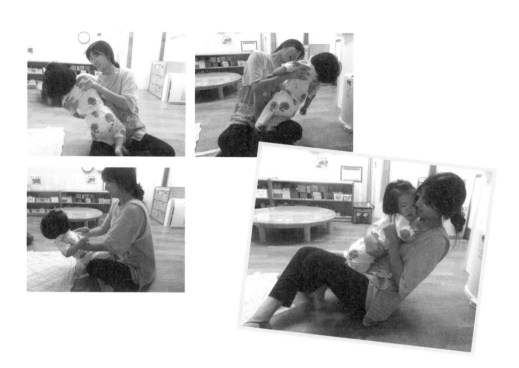

활동명
2

질라래비 훨훨

생활 주제	움직여요	주 제	앉아서 움직여요
대상 연령	만 0세	활동 유형	신체 활동: 개별
표준보육과정 관련 요소	• 신체운동: 신체 조절과 기본 운동하기-신체 균형잡기 • 신체운동: 신체 조절과 기본 운동하기-기본 운동하기 • 의사소통: 듣기-운율이 있는 말 듣기 • 사회관계: 더불어 생활하기-안정적인 애착 형성하기		

● **활동 목표: 애착 놀이(신체 접촉이 있는 활동)**

• 손을 잡고 서고 걷기를 시도한다.

• 노래를 들으며 몸의 다양한 움직임을 경험한다.

• 놀이를 반복하며 안정적인 애착을 형성한다.

활동 자료

• 없음

활동 방법

• 교사가 앉은 상태에서 영아를 무릎에 앉히고 손목을 잡고 위아래로 흔든다.

(질라래비 훨훨 노래를 흥얼거리며) 우리 ○○이 손이 팔랑팔랑거리는 것 같구나. 위로 아래로 ~ 팔랑팔랑 흔들리네.

- 영아가 교사의 손을 잡고 서 볼 수 있도록 유도한다.

  우리 ○○이 선생님 손 잡고 일어나 볼까?

- 서게 되면 영아와 마주 본 상태에서 영아의 손을 잡고 위아래로 흔든다.

  (질라래비 훨훨 노래를 계속 흥얼거리며) 훨훨~ 우리 ○○가 나비가 되었네. 나비처럼 훨훨 날아가는 것 같구나.

- 교사는 노래를 불러 주며 영아가 교사의 손을 잡고 걸을 수 있도록 한다.

  걸음마 걸음마 우리 ○○가 앞으로 걷고 있구나.

질라래비 훨훨
질라래비 훨훨
질라래비 훨훨
질라래비 훨훨

고모네 집에 가자
이모네 집에 가자
질라래비 훨훨
질라래비 훨훨

- 교사가 손을 놓쳐 영아가 다치지 않도록 안전에 유의한다.
- 영아를 무릎 위에 앉히고 할 수도 있고 바닥에 앉히고 할 수도 있다.

활동 사진

5. 신체 접촉이 있는 활동

활동명 3	똥 단지 팔기

생활 주제	좋아하는 놀이가 있어요	주 제	쉬, 응가 놀이가 좋아요
대상 연령	만 1세	활동 유형	신체 활동: 개별
			역할 놀이 활동: 소집단
표준보육과정 관련 요소	• 신체운동: 신체 활동에 참여하기-몸 움직임 즐기기		
	• 기본생활: 건강하게 생활하기-건강한 일상생활하기		

● **활동 목표 :애착 놀이(신체 접촉이 있는 활동)**

• 똥 단지 팔기 놀이를 하며 배변에 대한 개념을 형성해 본다.

• 영아의 신체적 균형을 발달시키고 몸 움직임을 즐긴다.

활동 자료

• 없음

활동 방법

• 영아를 허리 위에 가로로 업는다.

• 영아를 업고 이리저리 돌아다니면서 "똥 단지 사세요~ 똥 단지 사세요." 하고 외친다.

• 다른 사람은 코를 잡는 시늉을 하며 "에이 더러워!" 또는 "에구 이게 무슨 냄새야! 안 사

요. 안 사." 하고 대답한다.
- 또 다른 사람은 냄새가 난다는 반응과 함께 "그 똥 단지 얼마요?" 하며 가격을 흥정한다.
- 교사는 영아를 업고 흥정을 반복하며 이리저리 돌아다닌다.

🌐 **활동 시 유의점**
- 영아가 옆으로 업는 것을 무서워하면 등에 업고 놀이를 한다.

📷 **활동 사진**

6. 비지시적 아동중심 놀이

<table>
<tr><td>활동명</td><td rowspan="2">모래를 조물조물</td></tr>
<tr><td>1</td></tr>
</table>

생활 주제	움직이는 것이 재미있어요	주 제	바깥 놀이는 재미있어요
대상 연령	만 0~2세	활동 유형	물 / 모래 활동: 개별
표준보육과정 관련 요소	• 자연탐구: 탐구하는 태도 기르기-사물에 관심 가지기 • 사회관계: 나와 다른 사람의 감정 알기-나의 감정을 나타내기		

활동 목표: 애착 놀이(비지시적 아동중심 놀이)

• 자유롭게 모래를 탐색하며 놀이를 즐긴다.

• 모래를 만지며 마음의 안정감을 느낀다.

활동 자료

• 모래, 삽, 분무기, 놀잇감

활동 방법

• 실외 활동 시 영아가 모래에 흥미를 보이면 자유롭게 탐색할 수 있도록 한다.

　○○아, 이건 뭘까? 여기 흙이랑 모래가 있네.

　○○가 모래를 만지고 있구나.

　○○가 모래에 구멍을 파고 있구나.

○○가 모래로 산을 만들고 있구나.

- 모래를 이용하여 활동할 수 있는 부수적인 재료를 제공한다.

  다양한 재료들이 있네? ○○가 원한다면 이 재료를 사용해도 좋단다.

- 영아가 재료를 선택하면 주도적으로 사용할 수 있도록 방법에 제한을 두지 않는다.
- 영아는 재료들을 이용하여 모래 놀이를 즐긴다.

  ○○가 모래에 물을 부었구나.

  ○○가 축축해진 모래를 삽으로 떠서 그릇에 옮겨 담고 있구나.

  ○○가 상어 모형을 땅속에 넣었구나.

- 영아가 교사를 모래 놀이에 초대하면 모래 놀이에 개입한다.

  ○○가 선생님에게 고래 모형을 주었네?

  (영아가 땅속을 가리키면) 상어처럼 고래도 땅속에 넣어 주어야겠다.

- 영아가 자유롭게 모래를 이용한 놀이를 할 수 있도록 격려한다.

🌐 활동 시 유의점

- 영아가 놀이 방식을 주도하기 때문에 분석하거나 가르치지 않는다.
- 영아가 재료에 흥미 없어 하더라도 강요하지 않는다.
- 영아가 재료의 사용법과 다른 용도로 사용하더라도 제지하지 않는다.

🏀 확장 활동

- 영아가 교사와 함께하는 놀이를 제안했을 때, 같이 할 수 있는 놀이를 할 수 있다.

📷 활동 사진

6. 비지시적 아동중심 놀이

활동명 2

붕~ 자동차가 지나가요

생활 주제	움직이는 것이 재미있어요	주 제	움직이게 할 수 있어요
대상 연령	만 0~2세	활동 유형	신체 활동: 개별 조작 활동: 개별
표준보육과정 관련 요소	* 신체운동: 신체 활동에 참여하기-기구를 이용하여 신체 활동 시도하기 * 자연탐구: 탐구하는 태도 기르기-탐색 시도하기 * 사회관계: 나와 다른 사람의 감정 알기-나의 감정을 나타내기		

● **활동 목표: 애착 놀이(비지시적 아동중심 놀이)**

• 다양한 종류의 자동차를 자유롭게 탐색한다.

• 자동차를 이용한 다양한 방법의 놀이를 경험한다.

• 자동차를 자유롭게 움직여 보며 즐거움을 느낀다.

활동 자료

• 다양한 자동차(탈것, 모형, 그림 등), 블록, 사람 모형

활동 방법

• 영아에게 다양한 종류의 자동차를 제공한다.

와, 여기 여러 가지 자동차가 있구나.

- 영아가 자유롭게 자동차를 탐색할 수 있도록 한다.

  ○○가 자동차를 타고 있네.

  ○○가 자동차를 굴려서 선생님에게 보냈네.

  ○○가 자동차를 한 줄로 세웠네.

- 자동차와 함께 이용할 수 있는 부수적인 놀잇감을 제공한다.

  다양한 재료들이 있네? ○○가 원한다면 이 재료를 사용해도 좋단다.

- 영아가 재료를 선택하면 주도적으로 사용할 수 있도록 방법에 제한을 두지 않는다.

  ○○가 블록을 꺼내 연결을 하고 있구나.

  블록 자동차 길이 만들어졌네.

  블록 위로 자동차를 밀어 주었구나.

- 영아가 자동차를 내밀며 놀이에 초대하면 개입한다.

  ○○가 선생님에게도 자동차를 주었네.

  (영아가 손짓을 하면) ○○이 뒤를 따라가 볼게.

- 영아가 자유롭게 자동차를 이용한 놀이를 할 수 있도록 격려한다.

🌐 **활동 시 유의점**

- 영아가 놀이 방식을 주도하기 때문에 분석하거나 가르치지 않는다.
- 영아가 재료에 흥미 없어 하더라도 강요하지 않는다.
- 영아가 재료의 사용법과 다른 용도로 사용하더라도 제지하지 않는다.

🏀 **확장 활동**

- 영아가 자동차 외의 놀잇감을 함께 사용하여 놀이를 제안했을 때, 새로운 놀이를

할 수 있다.

6. 비지시적 아동중심 놀이

활동명
3

미끌미끌 주물주물

생활 주제	느낄 수 있어요	주 제	온몸으로 느껴 보아요
대상 연령	만 0~2세	활동 유형	조작 활동: 개별
표준보육과정 관련 요소	* 신체운동: 감각과 신체 인식하기-감각적 자극에 반응하기 * 자연탐구: 탐구하는 태도 기르기-탐색 시도하기 * 사회관계: 나와 다른 사람의 감정 알기-나의 감정을 나타내기		

🍎 **활동 목표: 애착 놀이(비지시적 아동중심 놀이)**

• 다양한 방법으로 과일을 탐색한다.

• 촉감을 이용한 놀이를 경험하며 즐거움을 느낀다.

✦ **활동 자료**

• 다양한 계절 과일, 꼬치, 그릇, 모양 틀, 앞치마, 머릿수건

📋 **활동 방법**

• 영아에게 다양한 계절 과일을 제공한다.

　여기 맛있는 과일이 있네?

• 영아가 자유롭게 과일을 탐색할 수 있도록 한다.

○○가 방울토마토를 집어서 꾹 눌렀구나.

○○가 사과를 쪼개서 맛있게 먹고 있구나.

○○가 포도의 껍질을 까서 씨를 빼내고 있구나.

- 계절 과일을 이용하여 활동할 수 있는 부수적인 재료를 제공한다.

  다양한 재료들이 있네? ○○가 원한다면 이 재료를 사용해도 좋단다.

- 영아가 재료를 선택하면 주도적으로 사용할 수 있도록 한다.

- 영아가 선택한 재료의 안전을 위한 제안을 한다.

  꼬치의 끝을 이용해 과일을 끼울 수 있단다.

  끝은 뾰족하기 때문에 손이 찔리지 않도록 조심해야 한단다.

- 영아가 완성한 과일 꼬치를 함께 관찰하고 맛본다.

- 영아가 자유롭게 계절 과일을 이용한 놀이를 할 수 있도록 격려한다.

🌐 활동 시 유의점

- 영아가 놀이 방식을 주도하기 때문에 분석하거나 가르치지 않는다.

- 영아가 재료에 흥미 없어 하더라도 강요하지 않는다.

- 영아가 재료의 사용법과 다른 용도로 사용하더라도 제지하지 않는다.

⊕ 확장 활동

- 영아가 원하는 놀잇감을 사용하여 계절 과일을 탐색할 수 있다.

📷 활동 사진

7. 우발적 놀이

활동명 1

앗! 떨어졌다

생활 주제	좋아하는 놀이가 있어요	주 제	나처럼 해 봐요
대상 연령	만 0~2세	활동 유형	일상 활동: 개별
표준보육과정 관련 요소	• 의사소통: 듣기-말하는 사람을 보기 • 사회관계: 더불어 생활하기-안정적인 애착 형성하기 • 예술경험: 예술적 표현하기-모방 행동 즐기기		

● **활동 목표: 애착 놀이(우발적 놀이)**

• 주변 상황에 관심을 가진다.

• 놀이를 반복하며 교사와 애착을 형성한다.

• 모방 놀이에 즐거움을 느낀다.

활동 자료

• 영아의 식사

활동 방법

• 식사 시간에 영아가 스스로 밥을 먹을 수 있도록 격려한다.

• 영아가 밥을 먹다가 흘릴 때까지 기다린다.

- 교사는 흘린 밥을 가리키며 "띠용~" 하고 소리 낸다.
- 영아가 교사를 바라본 후, 다시 밥을 먹다가 흘리면 한 번 더 "띠용~" 하고 소리 낸다.

  앗! 밥이 떨어졌다. ○○이 밥 또 흘렸네!

- 영아가 웃으며 밥을 먹다가 일부러 흘리면 "띠용~" 하고 소리 낸다.

  ○○가 밥을 떨어뜨렸네.

- 영아가 밥을 흘린 후 교사를 따라 밥을 가리키며 "띠용~" 하면 교사도 함께 "띠용~" 한다.

  ○○도 "띠용~" 하고 소리를 냈구나. 선생님도 "띠용~"

- 영아와 만든 놀이를 반복한다.

활동 시 유의점

- 밥을 많이 흘리더라도 영아에게 책임을 묻지 않는다.

확장 활동

- 밥을 흘리지 않고 잘 먹었을 때 박수를 치며 새로운 놀이를 만들 수 있다.

7. 우발적 놀이

활동명 2	어느 쪽으로 돌까요?

생활 주제	움직이는 것이 재미있어요	주 제	움직이게 할 수 있어요
대상 연령	만 0~2세	활동 유형	신체 활동: 개별
표준보육과정 관련 요소	• 신체운동: 감각과 신체 인식하기-신체 탐색하기 • 의사소통: 말하기-표정, 몸짓, 말소리로 말하기 • 사회관계: 더불어 생활하기-안정적인 애착 형성하기		

🍎 활동 목표: 애착 놀이(우발적 놀이)

• 신체를 이용한 놀이를 경험한다.

• 비언어적 상호작용을 경험한다.

• 놀이를 반복하며 정서적 행복감을 느낀다.

⋮• 활동 자료

• 없음

🔲 활동 방법

• 영아가 업힐 때까지 기다린다.

• 영아가 교사에게 업혀서 오른쪽 어깨를 치면 오른쪽으로 빙글 돈다.

- 영아가 왼쪽 어깨를 치면 왼쪽으로 빙글 돈다.
- 영아가 행동을 반복할 때마다 교사도 행동을 반복한다.
- 영아가 웃으면 교사도 함께 웃는다.
- 영아와 함께 변형된 놀이를 만들어 본다.

  이번에는 다른 방법으로 해 볼까? ○○는 어떻게 했으면 좋겠니?

  다른 신체 부분을 쳐 볼까?

  어깨를 쳤을 때 소리를 내 볼까?
- 영아와 만든 놀이를 반복한다.

🌏 활동 시 유의점
- 영아의 행동에 따라 우발적으로 정해지기 때문에, 영아의 행동을 빠르게 파악하여 참여한다.
- 교사의 행동은 영아가 예상 가능하게 반복한다.

⚙ 확장 활동
- 신체의 다양한 부분에 반복 가능한 행동을 만들어서, 영아가 교사의 신체를 쳤을 때 다양하게 반응할 수 있다.
- 어깨를 친 방향으로 움직여서 영아가 원하는 방향으로 이동하는 놀이를 할 수 있다.

📷 활동 사진

활동명 3

푸푸~ 퉤퉤~

생활 주제	나는 할 수 있어요	주 제	즐겁게 할 수 있어요
대상 연령	만 0~2세	활동 유형	신체 활동: 개별
표준보육과정 관련 요소	• 신체운동: 감각과 신체 인식하기-신체 탐색하기 • 사회관계: 나와 다른 사람의 감정 알기-나의 감정을 나타내기 • 예술경험: 아름다움 찾아보기-예술적 요소에 호기심 가지기		

● **활동 목표: 애착 놀이(우발적 놀이)**

• 입의 움직임을 탐색하며 근육을 조절할 수 있다.

• 교사와 놀이를 반복하며 정서적 행복을 경험한다.

• 주변의 소리와 움직임에 호기심을 가진다.

활동 자료

• 물, 대야, 분무기, 색깔이 들어간 다양한 음료

활동 방법

• 영아가 행동을 시작할 때까지 기다린다.

• 영아가 침을 "푸푸" 하고 뱉으면 교사도 "푸푸" 하고 따라한다.

- 영아가 행동을 반복할 때마다 교사도 행동을 반복한다.
- 영아와 함께 변형된 놀이를 만들어 본다.

  아이 차가워! 이번에는 다른 방법을 해 볼까? ○○는 어떻게 했으면 좋겠니?

  침을 멀리까지 "퉤" 뱉어 볼까?

  침 대신 물이나 음료수로 해 볼까?

  분무기로 물을 뿌려 볼까?
- 영아가 자유롭게 물을 머금었다 뱉을 수 있도록 대야를 준비해 준다.
- 영아가 뱉는 방법과 같은 방법으로 교사도 따라서 반복한다.
- 영아가 뱉는 모습을 의성어, 의태어로 표현해 준다.

  ○○가 대야에 물을 "퉤" 뱉었더니 대야에 있는 물이 "넘실넘실" 움직이네.

  ○○가 물을 마시니 목에서 "꿀꺽꿀꺽" 소리가 나네.
- 색깔이 있는 음료를 관찰하고 같은 방법으로 맛을 보고 뱉어 본다.
- 영아와 만든 놀이를 반복한다.

활동 시 유의점

- 투레질을 하는 것은 자연스러운 성장 과정이므로 제지하지 않는다.
- 영아가 삼켜도 되는 정수를 제공한다.

확장 활동

- 의성어, 의태어를 듣고 뱉어 보는 활동을 할 수 있다.
- 과일과 채소의 즙을 짜는 요리 활동과 연계할 수 있다.

8. 퇴행 게임

활동명 1

엉금엉금 장난감을 찾아라!

생활 주제	움직이는 것이 재미있어요	주 제	몸을 움직여요
대상 연령	만 1세	활동 유형	신체 활동: 개별
표준보육과정 관련 요소	• 신체운동: 신체 조절과 기본 운동하기-기본 운동하기 • 의사소통: 듣기-주변의 소리와 말소리 구분하여 듣기 • 자연탐구: 수학적 탐구하기-주변 공간 탐색하기		

● **활동 목표: 애착 놀이(퇴행 게임)**

• 기어서 움직이는 활동을 한다.

• 놀잇감 이름을 듣고 같은 놀잇감을 찾는다.

• 도움을 받아 주변 공간을 탐색해 본다.

활동 자료

• 영아가 즐겨하는 다양한 놀잇감

활동 방법

• 교사가 엉금엉금 기어가는 모습을 보여 주며 영아가 관심을 가지고 따라 해 보도록 유도한다.

○○아, 선생님이 지금 무엇을 하고 있을까?

선생님이 엉금엉금 기어가고 있네.

아기들은 아직 걷지 못해서 이렇게 엉금엉금 기어서 움직인대.

선생님도 아기처럼 엉금엉금 기어서 우리 ○○에게 한번 가 볼까?

우리 ○○도 아기처럼 한번 엉금엉금 움직여 볼까?

- 영아가 기어가는 모습을 보고 교사가 다양한 언어로 기어가는 모습을 표현해 준다.

  엉금엉금, 우리 ○○가 아기처럼 앞으로 기어가고 있네.

  엉금엉금, 뒤로도 한번 가 볼까?

  엉금엉금, 우리 ○○가 기어가니까 정말 아기가 된 것 같기도 하구나.

  엉금엉금, 우리 ○○가 거북이 같기도 해요.

- 영아가 기어서 좋아하는 놀잇감을 찾아볼 수 있도록 유도한다.

  ○○가 엉금엉금 기어서 어디로 가는 걸까?

  우리 ○○가 좋아하는 장난감을 한번 찾아볼까?

  우리 ○○는 어떤 장난감을 좋아하지?

  (영아가 좋아하는 놀잇감을 이야기하며) 우리 ○○는 블록을 가장 좋아하는구나.

- 이번에는 교사가 이야기하는 놀잇감을 기어가며 찾아볼 수 있도록 한다.

  (교사가 놀잇감 하나를 이야기하며) ○○아, 이번에는 우리 깡충깡충 토끼 인형을 한번 찾아볼까?

  (영아의 모습을 언어로 표현해 주며) 엉금엉금, 꼭꼭 숨어라 머리카락 보일라~ 토끼 인형이 꼭꼭 어디에 숨었지?

  (영아가 찾아보는 장소를 이야기하며) 어, 토끼 인형은 서랍 안에 있을까? TV 앞에 있을까?

  (영아가 놀잇감을 찾았을 경우) 찾았다! 우리 ○○가 깡충깡충 토끼 인형을 찾았구나!

  (영아가 놀잇감을 발견한 장소를 이야기하며) 우리 ○○가 좋아하는 토끼 인형이 서랍에 꼭꼭 숨어 있었네.

🌐 활동 시 유의점

• 영아가 신체를 충분히 움직일 수 있도록 넓은 공간에서 활동해 볼 수 있도록 한다.

🏀 확장 활동

• 아기처럼 옹알이를 하며 기어가 본다.

• 바닥에 색 테이프를 이용해 모양을 만들고 모양 길을 따라 기어 보도록 한다.

• 기어가기가 익숙해지면 엉덩이를 들고 기어가 보도록 해 본다.

📷 활동 사진

활동명 2

달려라! 앉은뱅이 방석

생활 주제	나는요	주 제	혼자서도 잘해요
대상 연령	만 2세	활동 유형	신체 활동: 개별, 소집단
표준보육과정 관련 요소	• 신체운동: 신체 조절과 기본 운동하기-대근육 조절하기 • 신체운동: 신체 활동에 참여하기-간단한 기구를 이용하여 신체 활동하기 • 자연탐구: 탐구하는 태도 기르기-반복적 탐색 즐기기		

🍎 **활동 목표: 애착 놀이(퇴행 게임)**

• 앉아서 움직여 보는 이동 운동을 시도한다.

• 방석을 이용한 신체 활동에 참여한다.

• 방석을 다양한 방법으로 탐색한다.

⋰ **활동 자료**

• 방석

▦ **활동 방법**

• 교사가 방석을 준비하고 영아가 방석에 관심을 가지면 함께 방석을 탐색해 본다.

　○○아, 이게 멀까? ○○는 이것을 본 적이 있니?

우리 같이 한번 만져 볼까? 느낌이 어떠니?

폭신폭신, 따뜻하고 포근하기도 하구나.

이것은 무엇에 쓰는 물건일까?

코~ 낮잠 잘 때 쓰는 것일까?

- 교사는 사물의 명칭을 알려 주고 영아가 방석에 앉아 볼 수 있도록 유도한다.

○○아, 이것은 방석이라고 하는 물건이야.

(교사가 방석 위에 앉으며) 바닥에 앉을 때 쓰는 물건이래. 방석 위에 선생님이 한번 앉아 볼까?

어, 선생님 엉덩이가 폭신폭신해졌네?

우리 ○○도 선생님처럼 방석에 한번 앉아 볼래?

방석에 앉으니 어떤 느낌이 드니?

우리 ○○의 엉덩이도 따뜻하고 폭신해졌겠구나.

- 교사가 방석 위에 앉아 몸을 움직이며 이동하는 모습을 보여 주고 영아도 따라서 몸을 움직여 이동해 볼 수 있도록 격려한다.

○○아, 이번에는 방석을 움직여서 앞으로 한번 가 볼까?

(교사가 방석 위에 앉아 두 손을 양옆으로 한 뒤 바닥을 짚고 양손에 힘을 주고 바닥을 밀어 몸을 움직인다.) 영차, 영차, 선생님이 몸을 움직이니, 어~ 방석이 앞으로 조금씩 움직이는구나.

우리 ○○도 선생님처럼 한번 움직여 볼까?

(영아의 움직임을 언어로 표현하며) 주르륵~ 미끌미끌~ 우리 ○○의 방석도 앞으로 앞으로 가네.

- 영아가 익숙해지면 일정한 거리를 정해 그 거리까지 움직여 보기도 하고 속도를 빠르게 움직여 보기도 한다.

○○아, 우리 방석을 타고 저기까지 한번 가 볼까? 출발! 영차, 영차.

우와 우리 ○○가 방석을 타고 금방 도착했구나!

이번에는 조금 더 빠르게 한번 움직여 보자. 주르륵~주르륵~ 쭈욱~쭈욱~

• 방석으로 이동하기를 힘들어하는 영아는 교사가 방석을 끌어 영아를 이동해 줄 수 있다.

⊕ 확장 활동

• 출발선과 도착선을 표시하고 여러 명의 영아가 방석 이동하기를 이용한 방석 달리기 게임을 해 볼 수 있다.

📷 활동 사진

활동명		
3	앞으로 뒤로 뒤집어 보아요	

생활 주제	나는요	주 제	내 몸을 살펴보아요
대상 연령	만 2세	활동 유형	신체 활동: 개별. 소집단
표준보육과정 관련 요소	• 신체운동: 신체 조절과 기본 운동하기-대근육 조절하기 • 신체운동: 신체 활동에 참여하기-신체 활동에 참여하기		

🍎 활동 목표: 애착 놀이(퇴행 게임)

• 노래에 맞춰 뒤집기를 한다.
• 몸의 움직임을 조절하여 위치를 바꾼다.

⋮ 활동 자료

• 색깔 시트지, 신체 매트

활동 방법

• 교사가 영아와 함께 신체 매트를 탐색하고 신체 매트에 편안한 자세로 누워 본다.

　　○○아, 이게 뭘까? 한번 만져 볼까?

　　느낌이 어때?

　　이번에는 우리 같이 매트에 한번 누워 볼까?

누워 있으니 참 편안하구나, 우리 ○○는 어때?

누워서 보니 무엇이 보이니?

- 교사는 영아에게 100일 된 아기처럼 놀아 볼 것을 권유한다.

  ○○아, 선생님과 함께 오늘은 100일 된 아기처럼 놀아 보자.

  아기는 100일이 지나면 누워 있다가 스스로 몸을 뒤집을 수 있대.

- 교사가 누워서 몸을 뒤집어 보며 영아가 따라 해 볼 수 있도록 유도한다.

  (교사가 먼저 몸을 뒤집으며) 휙~ 선생님이 몸을 뒤로 뒤집었네~

  선생님이 몸을 뒤집으니까 선생님의 등, 엉덩이가 보이는구나.

  우리 ○○도 100일 된 아기처럼 몸을 한번 뒤집어 볼까?

  (영아의 등을 쓰다듬으며) 우리 ○○의 예쁜 등도 보이고, 포동포동 엉덩이도 보이는구나.

- 영아의 등과 배에 다른 색깔의 시트지를 붙여 주고 〈그대로 멈춰라〉 음악에 맞춰 몸을 뒤집어 볼 수 있도록 유도한다.

  (영아의 배에 빨간색, 등에 초록색 시트지를 붙여 주며) ○○아, 우리 ○○의 배와 등이 빨간색 · 초록색이 되었네.

  우리 <그대로 멈춰라> 노래에 맞춰 몸을 한번 뒤집어 보자.

- 교사와 영아가 함께 신체 매트에 누워 있다가 '그대로 멈춰라'라는 가사가 나오면 박자에 맞춰 몸을 뒤집어 본다.

  (가사에 맞춰 몸을 뒤집어 보며) 우리 ○○가 몸을 휙휙 뒤집었구나.

  ○○와 선생님이 몸을 뒤집었더니 어떻게 되었니?

  빨간색에서 초록색으로 변했구나.

  (가사에 맞춰 다시 몸을 뒤집어 보며) ○○와 선생님이 몸을 또 휙 뒤집었더니 이번에는 빨간색으로 다시 변했네.

🌐 활동 시 유의점

• 색깔 스티커 외에도 영아가 관심을 보이며 좋아하는 동물이나 사물, 과일 등의 스티커를 붙여 주어도 좋다.

🏀 확장 활동

• 누워서 움직이는 모빌을 탐색해 보며 몸을 뒤집어 볼 수 있다.

📷 활동 사진

활동명 1	그릇 심벌즈로 챈! 챈! 챈!

생활 주제	나는요	주 제	나는 느껴요
대상 연령	만 2세	활동 유형	음률 활동: 개별, 소집단
표준보육과정 관련 요소	* 예술경험: 예술적 표현하기-리듬 있는 소리와 노래로 표현하기 * 사회관계: 더불어 생활하기-또래와 관계하기		

🍎 활동 목표: 애착 놀이(협력적 게임과 활동)

* 그릇을 이용하여 즐겁게 연주할 수 있다.
* 친구와 협력하는 활동을 경험한다.

⁛ 활동 자료

* 그릇, 숟가락

활동 방법

* 스테인리스 그릇을 탐색해 본다.

  두드리면 무슨 소리가 날까?

  손으로 두드려 볼까요?

  숟가락으로 두드려 볼까요?

- 노래를 부르면서 다양한 방법으로 그릇을 두드려 본다.

  어떤 노래를 부르면 좋을까요?

  노래를 천천히 부르면서 연주해 볼까요?

  이번엔 살짝살짝 두드려 볼까요?

- 친구와 그릇 박수를 치며 연주한다.

  그릇을 잡고 친구와 부딪쳐 볼까요?

  노래를 부르면서 소리 내어 보아요.

🌐 활동 시 유의점

- 그릇 심벌즈를 가지고 친구 얼굴에 장난치지 않도록 한다.
- 그릇 소리에 흥미가 없는 영아에겐 다른 악기를 이용할 수 있도록 안내한다.

🏀 확장 활동

- 그릇을 바닥에 놓고 난타하기

9. 협력적 게임과 활동

활동명 2

놋다리밟기

생활 주제	나는 친구가 있어요	주 제	친구와 함께하는 놀이가 있어요
대상 연령	만 2세	활동 유형	신체 활동: 소집단
표준보육과정 관련 요소	• 신체운동: 신체 조절과 기본 운동하기-기본 운동하기 • 신체운동: 신체 조절과 기본 운동하기-신체 균형잡기 • 사회관계: 더불어 생활하기-또래와 관계하기		

● **활동 목표: 애착 놀이(협력적 게임과 활동)**

• 몸의 균형을 잡고 다리를 건너 본다.

• 친구와 함께 협동 놀이를 즐긴다.

활동 자료

• 블록, 놋다리밟기 사진 자료

활동 방법

• 블록을 이용하여 다리를 만들어 본다(협력하여 함께 만들기).

카드에 있는 놋다리밟기 놀이를 하려면 블록을 어떻게 만들어야 할까?

○○는 빨간색 블록으로 다리를 만들고 있구나!

○○가 뒷부분을 연결해 주려고 블록을 들고 왔네?

• 다리 건너기를 시도해 본다.

누가 다리를 건너갈 수 있을까요?

다리에서 떨어지지 않으려면 어떻게 해야 할까요?

그림 카드에서는 사람들이 어떻게 하고 있었나요?

우리도 그림처럼 친구들을 잡아 줄 수 있나요?

○○가 친구를 잡아 주니 다리를 건너는 친구들이 떨어지지도 않고 더 빨리 도착할 수 있었어요.

🌐 활동 시 유의점

• 블록을 이어 가면서 분쟁이나 경쟁이 일어나지 않도록 한다.
• 모든 친구가 다리를 건너는 것과 친구 손을 잡아 보는 것을 경험할 수 있도록 한다.

✹ 확장 활동

• 블록을 기차라고 생각하고 함께 여행 놀이를 한다.

📷 활동 사진

활동명 3

영차, 영차 물 풍선 놀이

생활 주제	재미있는 여름이에요	주 제	물놀이가 재미있어요
대상 연령	만 2세	활동 유형	신체 활동: 소집단
표준보육과정 관련 요소	• 신체운동: 신체 조절과 기본 운동하기-대근육 조절하기 • 신체운동: 신체 활동에 참여하기-기구를 이용하여 신체 활동하기 • 사회관계: 더불어 생활하기-또래와 관계하기		

● **활동 목표: 애착 놀이(협력적 게임과 활동)**

• 신체의 움직임을 조절하여 풍선을 옮긴다.
• 도구를 이용한 신체 활동에 참여한다.
• 친구와 함께 협동 놀이를 즐긴다.

활동 자료

• 풍선, 물 풍선, 보자기, 풍선을 담을 수 있는 통

활동 방법

• 물 풍선과 풍선을 제공하고 탐색해 본다.

   (물이 든 풍선을 가리키며) 여기에는 무엇이 들어 있을까?

만져 보았을 때 어떤 느낌이 드니? (촉감)

물이 들어 있지 않은 풍선과 물 풍선을 불어 보자. (무게 비교)

- 풍선에 직접 물을 넣을 수 있는 경험을 제공한다.
- 보자기를 이용하여 물 풍선을 나르는 방법에 대해 이야기한다.

물 풍선을 떨어뜨리지 않으려면 어떻게 해야 할까?

보자기를 어떻게 잡아야 할까? (보자기에 손잡이를 미리 만들어 둔다.)

물 풍선을 통에 담을 때는 어떻게 해야 할까?

물 풍선을 담고 돌아올 때는 어떻게 해야 할까?

- 물 풍선 나르기 게임을 진행한다.

친구와 둘이서 보자기를 잡고 준비한다.

선생님이 보자기 위에 물 풍선을 놓아 준다.

보자기를 잡고 천천히 이동하여 물 풍선을 통에 담는다.

만약 물 풍선이 떨어지면 다시 보자기에 올릴 수 있도록 도와준다.

물 풍선을 담고 돌아올 때도 보자기를 마주 잡고 돌아온다.

- 게임이 끝나고 친구들과 기쁨의 마음을 나눈다.

🌐 활동 시 유의점

- 적당한 양의 물을 담아 풍선이 쉽게 터지지 않도록 한다.
- 비슷한 신체 크기(키)를 가진 친구끼리 짝이 될 수 있도록 한다.

🏀 확장 활동

- 놀이가 끝나고 음악에 맞춰 물 풍선을 터뜨려 본다.
- 도형(네모, 세모, 동그라미)을 그려 놓고 그 안에 물 풍선을 터트려 본다.

참고문헌

공인숙, 권기남, 권혜진, 김영주, 김혜라, 민하영, 이완정, 전숙영, 정윤주, 채진영, 한
미현, 황혜신(2015). 영아발달. 경기: 양서원.

김윤경(2006). 영아의 애착 증진을 위한 집단치료놀이 프로그램 개발과 효과. 숙명여
자대학교 대학원 박사학위 청구논문.

김창대 역(2009). 애착. 경기: 나남.

남연정, 최석란(2018). 영아반 교사의 전문적 수행에 대한 보육교사의 인식. 어린이문
학교육연구, 19(2), 143-170.

백은주, 조부경(2004). 유치원 교사의 전문성 발달 수준 자기 평가 도구 개발. 유아교
육연구, 24(4), 95-117.

보건복지부(2013). 제3차 어린이집 표준보육과정 해설서. 서울: 중앙육아종합지원센터.

보건복지부(2014). 어린이집 표준보육과정에 기초한 영아보육프로그램 운영의 이해.
서울: 중앙육아종합지원센터.

보건복지부(2014). 어린이집 표준보육과정에 기초한 영아보육프로그램 0세. 서울: 중
앙육아종합지원센터.

오채선, 염지숙(2016). 영아보육교사 전문성 담론 형성을 위한 비판적 고찰. 열린유아 교육연구, 21(1), 319-341.

Ainsworth, M. D., Bell, S. M., & Stayton, D. J. (1971). Individual differences in strange-situation behavior of one-year-olds. In H. R. Schaffer (Ed.), *The Origins of Human Social Relations*. London & New York: Academic Press.

Ainsworth, M. D., Blehar, M. C., Waters, E., & Wall, S. (1978). *Patterns of Attachment: Assessed in the Strange Situation and at Home*. Hillsdale, N. J.: Lawrence Erlbaum.

Axeline, V. M. (1969). *Play therapy*. New York: Ballantine Books.

Belsky, J. (2001). Emanuel Miller Lecture: Developmental risks (still) associated with early child care. *Journal of Child Psychology and Psychiatry, 42*(7), 846-869.

Bowlby, J. (1969). *Attachment. Attachment and Loss: Vol. 1. Loss*. New York: Basic Books.

Bowlby, J. (1999). *Attachment and Loss: Vol. 1. Attachment*(revised edition). New York: Basic Books.

Cassibba, R., Van Ijzendoom, M. H., & D'Odorico, L. (2000). Attachment and play in child care centers: Reliability and validity of the attachment Q-sort for mothers and professional caregivers in Italy. *International Journal of Behavioral Development, 24*(2), 241-255.

Connolly, J. A., & Doyle, A. B. (1984). Relation of social fantasy play to social competence in preschoolers. *Developmental Psychology, 20*, 797-806.

Freud, S. (1961). *Beyond the pleasure principle*. New York: Norton.

Lamb, M, E., & Ahnert, L. (2006). Nonparental Child Care: Context, Concepts, Correlates, and Consequences. *Handbook of Child Psychology*(3). Cambridge

University Press.

Root-Bernstein, R. S., & Root-Bernstein, M. M. (1999). *Spark of Genius*. 박종성 역 (2007). 생각의 탄생. 서울: 에코의 서재.

Rubin, K. H., Fein, G. G., & Vandenberg, B. (1983). Play. In E. M. Hetherington(Ed.) & P. H. Mussen(Series Ed.), *Handbook of child psychology*: Vol. 4. *Socialization, personality, and social development*. New Yok: Wiley.

Solter, A. (2013). *Attachment Play: How to solce children's behavior problems with play, laughter, and connection*. 김미나 역(2015). 애착 놀이. 서울: 학지사.

Spencer, H. (1954). *Principles of Psychology*(Vol. 2). New York: Appleton.

Sroufe, L. A., Egeland, B., Carlson, E. A., & Collins, W. A. (2005). *The Development of the Person: The Minnesota Study of Risk and Adaptation from Birth to Adulthood*. New York: Guilford Press.

Tizard. B., & Hodges, J. (1978). *The effect of institutional rearing on the development of eight year old children*. J. Child Psychol. Psychiat., 19, 99-118.

통계청 국가통계포털

시군구/성/연령(5세)별 주민등록연앙인구, 2019.1.11.,

http://kosis.kr/statHtml/statHtml.do?orgId=101&tblId=DT_1B040M5&vw_cd=MT_ZTITLE&list_id=A6&seqNo=&lang_mode=ko&language=kor&obj_var_id=&itm_ id=&conn_path=MT_ZTITLE

연령별 보육아동 현황, 2018.6.28.,

http://kosis.kr/statHtml/statHtml.do?orgId=117&tblId=DT_15407_NN005&vw_cd=MT_OTITLE&list_id=&seqNo=&lang_mode=ko&language=kor&obj_var_

id=&itm_id=&conn_path=K2

경제활동인구 및 참가율(OECD), 2018.10.10.,

http://kosis.kr/statHtml/statHtml.do?orgId=101&tblId=DT_2KAA301_OECD&vw_

cd=MT_RTITLE&list_id=UTIT_OECD_UTIT_OECD

_Q&seqNo=&lang_mode=ko&language=kor&obj_var_id=&itm_

id=&conn_path=A4

중앙육아종합지원센터 보육과정 웹사이트

http://www.nccw.educare.or.kr

저자 소개

김영주(Kim Young-Joo)
서울대학교 박사 / 울산대학교 아동 · 가정복지학과 교수

민하영(Min Ha-Young)
서울대학교 박사 / 대구가톨릭대학교 아동학과 교수

오영은(Oh Young-Eun)
울산대학교 아동 · 가정복지학과 박사과정 / 전 울산 동구육아종합지원센터장

정나래(Jeong Na-Rae)
울산대학교 교육대학원 유아교육과 석사 / 국공립 강남어린이집 교사

조명희(Jo myeong-hee)
울산대학교 교육대학원 유아교육과 석사 / 아이숲어린이집 원장

최유나(Choi Yu-Na)
울산대학교 교육대학원 유아교육과 석사 / 국공립 문수어린이집 교사

부모와 영아보육교사를 위한

함께해요! 애착 놀이

2019년 3월 25일 1판 1쇄 발행
2020년 9월 25일 1판 2쇄 발행

지은이 • 김영주 · 민하영 · 오영은 · 정나래 · 조명희 · 최유나
펴낸이 • 김진환
펴낸곳 • ㈜ 학지사

　　　　04031 서울특별시 마포구 양화로 15길 20 마인드월드빌딩
대표전화 • 02-330-5114　　팩스 • 02-324-2345
등록번호 • 제313-2006-000265호

홈페이지 • http://www.hakjisa.co.kr
페이스북 • https://www.facebook.com/hakjisabook

ISBN 978-89-997-1809-0 93370

정가 13,000원

이 도서의 국립중앙도서관 출판시도서목록(CIP)은 서지정보유통지
원시스템 홈페이지(http://seoji.nl.go.kr)와 국가자료공동목록시스템
(http://www.nl.go.kr/kolisnet)에서 이용하실 수 있습니다.
(CIP 제어번호: CIP2019009923)

출판 · 교육 · 미디어기업 학지사

간호보건의학출판 **학지사메디컬** www.hakjisamd.co.kr
심리검사연구소 **인싸이트** www.inpsyt.co.kr
학술논문서비스 **뉴논문** www.newnonmun.com
원격교육연수원 **카운피아** www.counpia.com